TANJA DUSY

BUDDHA BOWLS
FÜR HEISSE TAGE

FRISCH, RUND UND GESUND

50 KÖSTLICHE REZEPTE

EMF

EIN BUCH DER
EDITION MICHAEL FISCHER

INHALT

SUMMER IN A BOWL

So muss wohl Glück schmecken: eine bunte Schüssel, vollgepackt mit herrlichen Zutaten, die allesamt gesund sind und satt machen. Vielleicht nennt man die Trendschüsseln auch deshalb oft Buddha-Bowls: weil sie schon während des Essens das seelige zufriedene Lächeln auf unser Gesicht zaubern, das wir von Buddha-Darstellungen kennen.

Die Idee dafür stammt aus Asien. Dort gibt es in vielen Ländern traditionell Ein-Schüssel-Gerichte: kräutersatte vietnamesische Reisnudelschalen, koreanisches Bibimbap oder Chirashi-Sushi in Japan, bei denen die Zutaten nicht gerollt werden, sondern gemütlich auf einem Bett aus gesäuertem Reis lagern. Ihnen allen ist ein simples Grundkonzept gemein: Verschiedenste Zutaten und Aromen vereinen sich ganz entspannt in einer Schüssel zu einer harmonischen Gesamtmahlzeit.

So sind auch alle Rezepte in diesem Buch aufgebaut. Eine Grundlage wie z. B. Reis oder Getreide, auf der sich einander ergänzende, möglichst vielseitige Komponenten tummeln: Gekochtes und Rohes, Festes und flüssige Saucen oder Dips, Saures, Scharfes, Mildes etc. Und dabei immer ein leichter Genuss, wenn die Temperaturen steigen.

So kann ein warmer Sommertag schon mit einer Tropical-Coconut-Bowl oder einer herzhaften Hirseschüssel mit gebratenen Tomaten beginnen. Mittags oder abends schmeckt dann z. B. eine einfache Reisnudelschale mit Garnelen oder wahlweise vegetarisch mit Tofu.

So wird jedes Essen zur runden Sache. Und das gute Gefühl hält an: Auch lange nach einer Bowl-Mahlzeit bleibt man angenehm satt und hat mehr Energie. Richtig gefüllt, stecken nämlich in jeder Schüssel alle wichtigen Nähr- und Vitalstoffe, die wir täglich brauchen. Keiner muss sich lange den Kopf zerbrechen, ob er nun vegetarisch oder low carb isst, und schon gar keine Kalorien zählen. Jede Bowl in diesem Buch ist als möglichst idealer Mix zusammengestellt. Erlaubt ist, was gefällt, und wer will, tauscht einfach einzelne Komponenten aus. So wird jeder auf seine ganz persönliche Art satt, glücklich und rundum zufrieden.

BUDDHA-BOWLS – EINE FÜR ALLES

RUNDUM GESUND

In einer Bowl steckt alles, was unser Körper täglich braucht – vorausgesetzt, wir stellen sie wie bei den Rezepten in diesem Buch schlau zusammen: als eine Mischung aus möglichst komplexen Kohlenhydraten, Protein – in Form von tierischem oder pflanzlichem Eiweiß – und jeder Menge Vitaminen, Mineralstoffen und sekundären Pflanzenstoffen aus frischem Grün. Das ist die perfekte Mischung, um schlank und gesund und auf leckere Art lange satt zu bleiben.

Gemüse und ab und an Früchte bilden mit rund 50% den größten Anteil jeder Schüssel; egal, ob in gegarter Form, als Rohkost oder (Blatt-)Salat. Der Kohlenhydratanteil in Form von Getreide oder Hülsenfrüchten und der Anteil an Proteinen aus Fleisch, Fisch, Milch- oder Sojaprodukten liegt jeweils bei etwa 20–25%. Und mit rund 10% an hochwertigen Ölen, Nüssen und Saaten bekommen wir auf gesunde Weise unsere täglich benötigte Menge an Fett.

Nach diesem Prinzip lassen sich viele neue Bowls zusammenstellen oder Rezepte im Buch abwandeln und Zutaten austauschen.

MIX IT!

Mischen und austauschen sind also erlaubt und sogar erwünscht: Wer lieber vegetarisch isst, ersetzt Fleisch durch z. B. Tofu oder Linsen, Allergiker verwenden glutenfreie Quinoa anstatt Reis, und wer einmal keine Lust hat, Gemüse zu kochen, mischt eine Handvoll geraspelte Möhren unter und streut zusätzlich noch ein paar gehackte Nüsse darüber. Der Fantasie sind kaum Grenzen gesetzt und die Rezepte so gestaltet, dass die einzelnen Bestandteile bereits in der Zutatenliste praktisch getrennt aufgeführt sind und viele Tipps für mal schnellere oder mal etwas aufwendigere Varianten gegeben werden. Wichtig und sinnvoll ist es allerdings, speziell was Gemüse und Obst angeht, möglichst saisonal passende Sorten zu wählen – das wurde bei den Rezeptkombis im Buch immer mit berücksichtigt.

Die nötigen **Grundrezepte** für Ihre Bowls finden Sie farblich abgehoben im Inhaltsverzeichnis.

DIE EINHEIT IN DER VIELFALT

Ein weiterer Punkt, den man berücksichtigen sollte, ist das Zusammenspiel verschiedener Aromen und Texturen: Jede Bowl sollte abwechslungsreich gebaut sein, sodass Frisches und Gekochtes, Rohkost und cremige Saucen, Scharfes, Süßes, Saures und auch mal Bitteres in gutem Verhältnis zueinander stehen. In den Küchen Asiens macht man das häufig fast instinktiv. Aber die Balance verschiedener Geschmacksrichtungen ist auch das Grundprinzip alter Gesundheitslehren wie der traditionellen chinesischen Medizin oder des indischen Ayurveda, die auf Ausgleich von Körper und Geist gleichermaßen zielen. Aber keine Angst, die muss keiner tief studieren: Wer sich öfter eine Bowl gönnt, merkt ganz von selbst, wie gut so eine bunte Mischung tut. Ganz zu schweigen von dem unvergleichlichen Genuss, wenn scharfe Chilibohnen mit cremigem Joghurt-Dip gemildert werden, Nüsse knuspern, ein bisschen Zitrone den Gaumen kitzelt und ihn gleich mit Mangosüße versöhnt. Genießen Sie dieses Ess-Abenteuer!

Alle Bowl-Rezepte sind für eine Menge von 2 Portionen berechnet

Die Temperaturangaben beziehen sich auf das Backen mit Ober- und Unterhitze

ETWAS MÜHE, VIEL GEWINN

Zugegeben, Bowls machen etwas Arbeit. Aber dafür hat man auch eine rundum satt machende Mahlzeit mit dem Wohlfühl-und-Gesund-Plus. Man sollte sich also nicht davon abschrecken lassen, dass oft gleich vier oder fünf Komponenten aufgeführt sind. Wem das wirklich zu stressig ist, der lässt einfach mal eine Komponente weg oder kocht den „Short-Cut", indem er z. B. wie angegeben Falafeln durch einfache Kichererbsen direkt aus der Dose ersetzt oder, statt Salat mit Dressing anzumachen, einfach klein geschnittene Salatblätter unterhebt. Gleichzeitig sind die Rezepte aber so gebaut, dass man sich seine Bowl ganz gemütlich in zeitlich überschaubarem Rahmen bauen kann. Es gibt z. B. viele Ofengerichte, bei denen die Hauptarbeit der Herd macht, während man selbst in der Zwischenzeit Rohkost schnippelt, den Reis gart oder ein weiteres Gemüse wokt. Und wer dann noch etwas Eingelegtes (s. S. 16) im Kühlschrank hat, ist eh fein raus: Dann geht es noch schneller und bequemer.

LEGENDE

VEGAN

GESUNDE KOHLENHYDRATE

Sie bilden die Basis jeder Bowl. Denn unser Körper und vor allem unser Gehirn brauchen Kohlenhydrate. Am besten in Form von komplexen Kohlenhydraten, die der Organismus erst nach und nach aufschließen kann und die so unseren Blutzuckerspiegel nur langsam ansteigen lassen – ganz im Gegensatz zu einfachen „schnellen“ Kohlenhydraten, wie z. B. Zucker. Dieser gibt zwar einen kurzen Energiekick, lässt uns aber dann schnell ins nächste Hungerloch fallen. Besser sind daher vor allem ballaststoffreiche (Vollwert-)Lebensmittel, die lange satt und zufrieden machen.

IDEALE KOHLENHYDRATE

Neutral und gut: Reis oder Nudeln, noch besser: Vollkornreis, Wildreismischung, Roter Reis

Schnell und unkompliziert: Bulgur, Couscous oder Zartweizen (Ebly®)

Voll und körnig: Hafer, Weizen, Dinkel, Gerste, Quinoa und Amarant (beide glutenfrei)

BLÄTTER UND SALATE

Bringen knackig roh reichlich Vitalstoffe, sorgen für angenehmen Biss und ergänzen gegartes Gemüse perfekt

Klein und fein: Baby-Spinat, Baby-Mangold, Pak Choi, Japanese Greens oder Baby-Leaves – werden alle, meist sogar im Supermarkt, abgepackt im Frischeregal angeboten

Frisch und vitaminreich: Kresse (oder andere Samenzöglinge, die im Kästchen angeboten werden, wie z. B. Radieschen-, Brokkoli-, Rucola-), Sprossen (z. B. Radieschen-, Alfalfa-, Mungobohnen-, Erbsen-; abgepackt im Frischeregal)

Frühlingsfrisch: Postelein und Brunnenkresse (im Bund erhältlich)

Einfach Salat: alle frischen Sorten von Kopfsalat, Lollo rosso, Romanasalat, Feldsalat, Rucola, Radicchio oder Endivie

GEMÜSE & OBST

Liefern je nach Sorte wenig oder mal mehr Kohlenhydrate, dazu aber immer reichlich Vitamine, Mineral- und sekundäre Pflanzenstoffe, die für Gesundheit und Fitness unverzichtbar sind. Roh oder kurz gegart, enthält es am meisten davon. Kohlenhydratreiche Gemüsesorten erkennt man häufig daran, dass sie süßlich schmecken und beim Kochen „mehliger" werden (weil sie mehr Stärke, sprich Kohlenhydrate, enthalten).

Frühjahr: Spargel, Möhren, Erbsen, Kohlrabi, Spitzkohl, Radieschen, Spinat, Frühlingszwiebeln

Sommer: Tomaten, Paprika, Gurken, Auberginen, Zucchini, Brokkoli, Blumenkohl, Rettich, Bohnen, Mangold, Fenchel

Außerdem: Pilze (Champignons, Austernpilze, Seitlinge) und „See-gemüse", also (getrocknete) Algen

Schnelle Alternative aus dem Vorratsschrank: eingelegtes Gemüse und Kimchi

GESUNDE EIWEISSE

Eiweiße (oder Proteine) sind wesentlicher Baustoff für Muskeln, Knochen, Gefäße und sogar Blut – ohne sie könnten wir nicht existieren. Wir können sie sowohl aus tierischen als auch aus pflanzlichen Quellen beziehen. Besonders vorteilhaft ist eine Kombination sich ergänzender Proteine aus beiden Bereichen.

TIERISCHE EIWEISSQUELLEN

Fleisch: Ideal ist Bio-Fleisch von Geflügel wie Huhn oder Pute, Rind oder Lamm.

Fisch: Möglichst zertifizierte, nachhaltig gefischte Fische (auf das MSC-Siegel achten) oder Zuchtfisch – ideal sind fette Fische mit gesunden Omega-Fettsäuren wie Makrele oder Lachs.

Meeresfrüchte: Garnelen, Krabben, Tintenfisch, Muscheln

Eier

Milchprodukte: Käse & Frischkäse, Joghurt, Quark – nicht nur aus Kuh-, sondern auch aus Ziegen- oder Schafsmilch

PFLANZLICHE EIWEISSQUELLEN

Aus Sojaprodukten: Tofu, Tempeh und Misopaste

Aus Hülsenfrüchten: Sojabohnen (getrocknet oder als frische Edamame), Bohnen, Linsen, Erbsen

Nüsse & Saaten

Getreide: Quinoa, Amarant, Buchweizen und Hirse

TIPP
Legen Sie sich einen Nussvorat an: Mandeln, Hasel- oder Walnusskerne, Kürbis- oder Sonnenblumenkerne und Sesam sorgen für den extra Crunch in jeder Bowl!

GESUNDE FETTE

Fett macht in erster Linie nicht dick, sondern sorgt dafür, dass unser Organismus wie geschmiert läuft: Es liefert reichlich Energie, gesunde Fettsäuren und hilft uns, bestimmte Vitamine überhaupt erst verwerten zu können. Speziell Omega-3-Fettsäuren aus bestimmten Saaten, fettem Fisch, Eiern oder Avocado sind beste Medizin und helfen gegen ungesundes Fett in Form von Cholesterin.

GUTE FETTE

Kaltgepresste Öle: Olivenöl, Raps- oder Leinöl

Kokosöl enthält zwar reichlich gesättigtes Fett, allerdings in Form von gesunden MCT-Fettsäuren, die der Körper nicht als Fettzellen speichert.

Oliven

Nüsse & Saaten

Avocados

Fetter Fisch: z. B. Lachs und Makrele

BUCHWEIZEN – WEISSE QUINOA – HIRSE – REIS

ZUTATEN

125 g der jeweiligen Getreidesorte

Salz

SO GEHT'S

125 g der jeweiligen Getreidesorte mit 250 ml leicht gesalzenem Wasser (ein 1 : 2-Verhältnis Getreide zu Wasser) aufkochen, 1 Minute sprudelnd kochen lassen, dann auf kleiner Stufe zugedeckt 15–20 Minuten garen. Anschließend auf ausgeschalteter warmer Herdplatte weitere 10 Minuten ausquellen lassen.

TIPP

Quinoa sollte man generell vor dem Garen in einem feinem Sieb gründlich mit heißem Wasser durchspülen, um so die Bitterstoffe abzuwaschen, wobei weiße Quinoa wesentlich weniger davon enthält. Rote und schwarze Quinoa braucht etwas mehr Wasser als weiße (2 ½-fache Menge statt 2-fache: für 125 g also 380 ml).

NATURREIS

ZUTATEN

100g Vollkornreis

Salz

SO GEHT'S

Den Reis mehrmals gründlich unter kaltem Wasser abspülen und 10–30 Minuten in kaltem Wasser einweichen lassen. In ein Sieb abgießen, nochmals spülen und abtropfen lassen. 220 ml Wasser aufkochen, leicht salzen und 100 g Vollkornreis hineingeben. 2 Minuten sprudelnd kochen lassen, dann zugedeckt bei kleiner Hitze 30–40 Minuten garen. Anschließend auf ausgeschalteter warmer Herdplatte weitere 10 Minuten ausquellen lassen.

QUINOA-MIX

ZUTATEN

45 g rote Quinoa

Salz

60 g Hirse

20 g Buchweizen

SO GEHT'S

Die Quinoa in ein Sieb geben und gründlich unter heißem Wasser abbrausen, um die Bitterstoffe herauszuwaschen. In einem Topf 280 ml Wasser aufkochen und leicht salzen. Die Quinoa, die Hirse und den Buchweizen zugeben und 1 Minute sprudelnd kochen lassen. Dann zugedeckt bei kleiner Hitze 15–20 Minuten garen und 10–15 Minuten auf ausgeschalteter warmer Herdplatte ausquellen lassen.

COUSCOUS

ZUTATEN

120 g Instant-Couscous

Salz

1 EL Olivenöl oder 1 TL Butter

SO GEHT'S

Den Instant-Couscous mit ¼ TL Salz in einen Topf geben. Im Wasserkocher 125 ml kochend heißes Wasser erhitzen und dieses daraufgießen. Auf kleinster Garstufe 5–10 Minuten quellen lassen. Dann 1 EL Olivenöl oder 1 TL Butter mit einer Gabel unterrühren und dabei den Couscous leicht auflockern. Zugedeckt auf der ausgeschalteten, noch warmen Herdplatte weitere 10 Minuten ausquellen lassen.

BULGUR

ZUTATEN

100 g Bulgur

150 ml Gemüsebrühe (nach Belieben)

Salz

SO GEHT'S

Den Bulgur mit 150 ml Wasser oder Gemüsebrühe in einen Topf geben. Aufkochen, Wasser salzen, 1–2 Minuten kochen lassen und anschließend 20–25 Minuten bei kleiner Hitze zugedeckt garen.

SUSHI-REIS – COOLE BOWLBASIS

ZUTATEN

FÜR 4 PORTIONEN/ SCHALEN

250 g Sushi-Reis

3 EL Reisessig

2 EL Zucker

Salz

SO GEHT'S

1 Den Reis in eine große Schüssel geben und reichlich kaltes Wasser einlaufen lassen. Den Reis vorsichtig mit den Händen durchrühren, nicht zu fest, sonst brechen die Reiskörner. Sobald das Wasser milchig weiß ist, den Reis in ein Sieb abgießen und abtropfen lassen, wieder in die Schüssel geben und nochmals wässern. Diesen Vorgang zwei- bis fünfmal wiederholen, bis das Wasser fast klar bleibt. Nach dem letzten Waschgang den Reis in die Schüssel geben, Wasser zugeben und den Reis darin 30 Minuten quellen lassen.

2 Den nun bereits leicht gequollenen Reis in ein Sieb abgießen und nochmals mit kaltem Wasser abbrausen und abtropfen lassen. Den Reis mit 275 ml Wasser in einen Topf geben – der Topf sollte möglichst weit sein, damit der Reis auf breiter Fläche garen kann. Liegt zu viel Reis in einem schmalen Topf übereinander, bleibt die oberste Schicht im schlimmsten Fall hart und die untere wird matschig. Alles zugedeckt bei großer Hitze 1–2 Minuten aufkochen lassen, dann Hitze reduzieren und bei möglichst kleiner Hitze zugedeckt 10 Minuten garen, dabei den Topfdeckel geschlossen halten.

3 Den Topf anschließend vom Herd nehmen, den Deckel abnehmen. Ein sauberes Geschirrtuch über den Topf legen und den Reis so zugedeckt 15 Minuten auskühlen lassen. Währenddessen Essig, Zucker und 1 TL Salz in einen kleinen Topf geben und unter Rühren erhitzen, bis sich der Zucker und das Salz vollständig aufgelöst haben, dann vom Herd nehmen und abkühlen lassen.

4 Den Reis in eine möglichst breite flache Schüssel mit höherem Rand geben und den Reis vorsichtig darin verteilen. Essigmischung über den handwarmen Reis träufeln und mit einem breiten Holzspatel verteilen: Dazu immer wieder vorsichtig, ohne den Reis zu drücken oder umzurühren, diagonale Linien durch den Reis ziehen – er sollte möglichst locker bleiben. Den Reis vollständig abkühlen lassen. Lässt man ihn bis zum Verarbeiten noch länger stehen, unbedingt ein feuchtes Geschirrtuch über die Schüssel legen, damit der Reis darin nicht austrocknet.

3 X PICKLES

SÜSS-SAURE RADIESCHEN

ZUTATEN

1 großes Bund Radieschen

¼ Rote Bete (ca. 25 g)

150 ml Weißweinessig

2 EL Zucker

Salz

SO GEHT'S

1 Die Radieschen putzen, waschen und in ca. 2 mm dicke Scheiben schneiden. Rote Bete waschen, putzen, schälen und in feine Scheiben schneiden oder hobeln (dazu Gummihandschuhe tragen, Bete färbt stark ab). Beides miteinander mischen und in ein ausreichend großes Schraubglas füllen.

2 Essig, Zucker und ½ TL Salz in einem Topf unter Rühren erhitzen, bis sich der Zucker vollständig aufgelöst hat. Heiß über die Rettich-Bete-Mischung gießen, das Gemüse gut hineindrücken und das Glas verschließen. An einem kühlen Ort möglichst noch 1–2 Tage durchziehen lassen. Im Kühlschrank aufbewahrt, halten sich die Radieschen gut 1 Monat.

EINGELEGTE ZWIEBELRINGE

ZUTATEN

1 rote Zwiebel

½ TL Rohrohrzucker

½ TL Meersalz

180 ml Weißweinessig

¼ TL schwarze Pfefferkörner

5 Wacholderbeeren

2 Zweige Thymian

SO GEHT'S

1 Die Zwiebel schälen und in Ringe schneiden. In einem kleinen Topf 300 ml Wasser aufkochen. Vom Herd nehmen, die Zwiebelringe ins heiße Wasser geben. Anschließend sofort wieder abgießen und abtropfen lassen.

2 Inzwischen Zucker, Salz und Essig mit den Gewürzen unter Rühren erhitzen, bis der Zucker sich aufgelöst hat. Lauwarm abkühlen lassen. Thymian waschen und trocken schütteln, mit den Zwiebeln in ein Glas füllen und die Essigmischung darübergießen. Glas verschließen und abkühlen lassen. Die Zwiebelringe 1 Tag ziehen lassen. Im Kühlschrank aufbewahrt, halten sie im Glas verschlossen mehrere Wochen.

JAPAN-PICKLES

ZUTATEN

1 Möhre

100 g weißer Rettich

100 g Bio-Salatgurke

1 Stück frischer Ingwer (10 g)

2–3 Msp. Chiliflocken

Salz

½ TL Zucker

2 EL Reisessig (alternativ Weißweinessig)

SO GEHT'S

1 Möhre und Rettich schälen und in feine Stifte (Julienne) schneiden oder hobeln. Gurke waschen, längs in dünne Scheiben schneiden, diese längs in schmale Streifen, dabei den inneren weichen Teil mit Kernen entfernen und wegwerfen. Ingwer schälen und fein würfeln.

2 Alles mit Chiliflocken, ¾ TL Salz, Zucker und Essig in eine Schüssel geben und mit den Händen kneten. Einen Teller auf das Gemüse legen und es damit zusammendrücken, dann eine schwere Konservendose daraufstellen und das Gemüse mindestens 12 Stunden durchziehen lassen. Vor dem Servieren durchmischen und abtropfen lassen, Reste in ein verschließbares Glas füllen, sie halten sich im Kühlschrank weitere 2–3 Tage.

MAYONNAISE

ZUTATEN

2 ganz frische Eigelbe (Größe M)

1 TL Dijon-Senf

1–2 TL Weißweinessig

1–2 TL Zitronensaft

Salz – Pfeffer

Zucker

180–220 ml Sonnenblumen- oder Olivenöl

SO GEHT'S

1 Die Zutaten alle rechtzeitig aus dem Kühlschrank nehmen – sie sollten alle etwa die gleiche (Zimmer-)Temperatur haben. Die Eigelbe in ein hohes Mixgefäß geben, Dijon-Senf, je 1 TL Essig und Zitronensaft, Salz, Pfeffer und 1 Prise Zucker zugeben.

2 Nun alles mit dem Pürierstab einmal durchmixen. Dann das Öl tröpfchenweise dazugeben und jeweils immer gut untermixen. Sobald die Masse beginnt anzudicken, das Öl in dünnem Strahl zulaufen lassen, dabei den Pürierstab immer von unten nach oben ziehen und weitermixen. So lange Öl zulaufen lassen, bis die gewünschte Konsistenz erreicht ist. Die fertige Mayonnaise anschließend mit restlichem Essig und Zitronensaft, Salz, Pfeffer und eventuell nochmals Zucker abschmecken.

AVOCADO-MAYONNAISE

ZUTATEN

1 reife Avocado

1 Knoblauchzehe

3 EL Olivenöl

2–3 EL Zitronensaft

Salz, Pfeffer

SO GEHT'S

Avocado halbieren, den Kern entfernen, das Fruchtfleisch mit einem Löffel aus der Schale kratzen und in ein hohes Rührgefäß oder in den Mixer geben. Knoblauch schälen und dazupressen. Olivenöl und 2 EL Zitronensaft dazugeben und alles zu einer glatten Creme pürieren. Mit Salz, Pfeffer und Zitronensaft abschmecken.

VEGANE SOJANAISE

ZUTATEN

80 ml ungesüßter Sojadrink

1 kleine Knoblauchzehe

¾ TL Gemüsebrühe (Pulver)

1 TL Dijon-Senf

2–3 EL Orangensaft

125–180 ml Sonnenblumenöl

1 TL Weißweinessig

1 TL Ahornsirup oder
2–3 Prisen Zucker

Salz – Pfeffer

2 Msp. Chilipulver

SO GEHT'S

1 Den zimmerwarmen Sojadrink in ein hohes Mixgefäß geben, Knoblauch schälen, grob zerschneiden und mit Gemüsebrühe, Senf und 3 Spritzern Orangensaft zum Sojadrink geben. Alles kräftig mit dem Pürierstab durchmixen. Dann das Öl tröpfchenweise zugeben und ständig weitermixen, dabei den Pürierstab immer von oben nach unten führen. Sobald die Flüssigkeit andickt, weiter von dem Öl in dünnem Strahl zugießen und weitermixen, bis die gewünschte Konsistenz erreicht ist.

2 Zuletzt den Essig und Ahornsirup oder Zucker untermixen. Mit Salz, Pfeffer und Chilipulver würzen und mit dem restlichen Orangensaft abschmecken.

3 Nach Wunsch Soja-Joghurtalternative unterrühren – diese macht die Sojanaise etwas leichter und gibt ihr zusätzlich eine schöne Konsistenz.

TIPP

Ebenso wie normale Mayonnaise lässt sich auch Sojanaise mit 2–3 EL Soja-Joghurtalternative nicht nur „strecken" und etwas leichter machen, sondern bekommt damit zusätzlich eine schöne Konsistenz. Wer will, kann anstelle von Sojadrink auch Mandel-, Hafer- oder sogar Kokosdrink verwenden. Wer seine Mayonnaise nicht unbedingt vegan, sondern nur ohne rohes Ei will, kann auch normale Kuhmilch nehmen – diese sollte dann wie alle anderen Milcharten zimmerwarm sein.

3 X SCHNELLE DRESSINGS

EASY HUMMUS

ZUTATEN

- 1 Dose Kichererbsen (400 g Füllgewicht)
- 1 Knoblauchzehe
- 1 ½ EL Tahin
- Saft von ½ Zitrone
- 3–4 EL Olivenöl
- ¾ TL gemahlener Kreuzkümmel
- je 3 Msp. Chilipulver und gemahlene Kurkuma
- Salz – Pfeffer

SO GEHT'S

Kichererbsen in ein Sieb abgießen, dabei die Einlegeflüssigkeit auffangen. Knoblauch schälen und fein hacken. Mit den abgetropften Kichererbsen, Tahin, Zitronensaft und Öl mit dem Pürierstab fein pürieren, dabei so viel von dem Einweichwasser zugeben, bis die jeweils gewünschte Konsistenz erreicht ist. Mit den Gewürzen, Salz und Pfeffer würzen.

EASY VINAIGRETTE

ZUTATEN

1 TL Senf

½ TL Honig oder Ahornsirup

Salz – Pfeffer

3 EL Weißweinessig

6 EL Gemüsebrühe

3 EL Olivenöl

SO GEHT'S

Senf und Honig oder Ahornsirup mit ½ TL Salz, Pfeffer und 1 EL Essig verrühren, bis sich das Salz aufgelöst hat und die Zutaten gut verbunden sind. Dann den übrigen Essig und die Brühe unterrühren, zuletzt das Öl unterschlagen.

TIPP

Die Vinaigrette passt zu allen Blattsalaten, zu Rohkost, aber auch zu gegartem Gemüse. Sie lässt sich je nach Bowl leicht abwandeln: mit frischen Kräutern, ein paar Spritzern Chilisauce, etwas Orangensaft (anstelle der Brühe), gehackten Kapern oder Oliven.

GRÜNES SOJADRESSING

ZUTATEN

1 Bund Koriandergrün

1 Knoblauchzehe

2 EL Limettensaft

400 g Seidentofu

5 EL Sonnenblumenöl

Salz – Pfeffer

SO GEHT'S

Das Koriandergrün waschen und gut abtrocknen, Blättchen abzupfen und zerschneiden. Knoblauch schälen und in ein hohes Rührgefäß pressen. Koriander, Limettensaft und Tofu dazugeben, darauf das Öl. Alles mit dem Pürierstab auf kleiner Stufe pürieren, dabei den Stab von oben nach unten bewegen. Mit Salz und Pfeffer würzen.

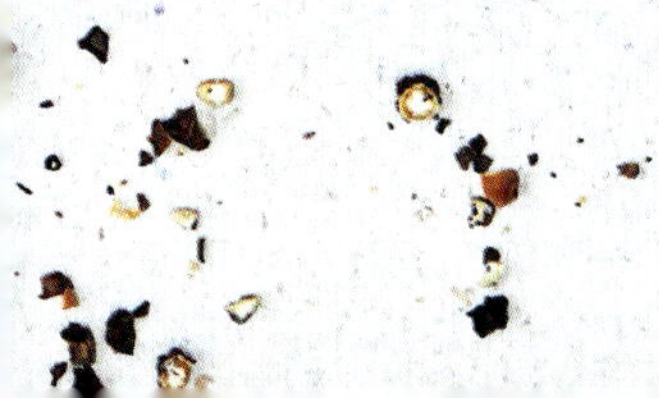

LEICHTE DRINKS
DAS GESUNDE PLUS

Trinken ist mindestens so wichtig wie Essen – gerade im Sommer. Zu wenig oder die falsche Flüssigkeit wirkt sich negativ auf Körper und Laune aus. Statt gezuckerter Softdrinks, Fruchtsäften oder Alkohol sollte man besser etwas Leichtes trinken – Wasser, ungesüßten Tee und gern auch mal Kaffee. Oder einen der leckeren Drinks hier!

DETOX-TEE

ZUTATEN

1 Stängel Zitronengras

1 TL grüner Tee (z. B. Sencha)

15 g frischer Ingwer

SO GEHT'S

1 Das Zitronengras waschen, Strunk und oberen Teil wegschneiden. Die unteren 10 cm in dicke Stücke schneiden, diese mit einem Mörser (oder einer Teigrolle) anquetschen. Das Zitronengras mit 500 ml Wasser in einem Topf aufkochen und zugedeckt 3 Minuten köcheln lassen. Vom Herd nehmen und 4 Minuten abkühlen lassen, dann den Tee einrühren und 3 Minuten ziehen lassen.

2 Inzwischen den Ingwer schälen und quer in sehr dünne Scheiben schneiden, auf Tassen oder Gläser verteilen. Den Tee durch ein feines Sieb daraufgießen. Die Tassen abdecken und alles nochmals 5 Minuten ziehen lassen. Abgekühlt (eventuell mit Eiswürfeln) genießen.

GOLDEN LATTE

ZUTATEN

25 g frischer Ingwer

20 g frische Kurkumawurzel (alternativ 1 TL gemahlene Kurkuma)

⅓ Vanilleschote

2 Msp. gemahlener Kardamom (alternativ gemahlener Zimt)

Salz

500 ml Milch (alternativ Mandeldrink)

1 EL Mandelmus

1 TL Kokosblütensirup

SO GEHT'S

1 Ingwer und Kurkuma schälen (dabei Gummihandschuhe tragen und auf den Untergrund achten: Kurkuma färbt stark). Beides im Mörser grob anquetschen. Die Vanilleschote längs aufschneiden und das Mark herauskratzen.

2 Ingwer, Kurkuma, Vanillemark und -schote mit Kardamom oder Zimt, 1 Prise Salz sowie der Milch in einen Topf geben. Langsam erhitzen, bis die Milch leicht zu köcheln beginnt. Dann zugedeckt bei kleiner Hitze 10 Minuten ziehen lassen. Anschließend das Mandelmus unterrühren, die Milch durch ein feines Sieb in zwei Tassen gießen und mit je ½ TL Kokosblütensirup süßen.

TIPP

Wem die Milch an warmen Sommertagen als Heißgetränk zu mächtig ist, der lässt sie auskühlen und genießt sie mit Eiswürfeln.

DURSTLÖSCHER

ZUTATEN

30 g Bio-Gurke

20 g frischer Ingwer

1 Bio-Limette

3 Stängel Minze

1 l kohlensäurehaltiges Mineralwasser

SO GEHT'S

Die Gurke waschen und in Scheiben schneiden. Ingwer schälen, Limette heiß waschen und beides quer in dünne Scheiben schneiden. Die Minze waschen, trocken schütteln und in kleine Stängel zerteilen. Alles abwechselnd in einen Krug schichten und leicht mit einem Mörser oder einem Löffel anquetschen. Mit Wasser aufgießen und möglichst noch 15 Minuten ziehen lassen.

BREAKFAST BOWLS

ORANGEN-COUSCOUS-BOWL

ZUTATEN

4 Bio-Orangen

200 g griechischer Joghurt (10 % Fett)

3 EL Honig

¾ TL gemahlener Zimt

125 g Instant-Couscous

1 EL Butter

1 EL Orangenblütenwasser (nach Belieben)

25 g Mandeln

25 g Pistazienkerne

2 EL Rosinen

½ Granatapfel

SO GEHT'S

1 Von 2 Orangen die Schale samt weißer Haut mit einem scharfen Messer entfernen. Anschließend die Fruchtfilets zwischen den Trennhäuten herausschneiden, dabei den Saft auffangen. Orange heiß waschen und die Schale fein abreiben, dann beide Orangen halbieren und den Saft auspressen. 2–3 EL Saft mit dem Joghurt glatt verrühren. Den übrigen Saft zusammen mit dem aufgefangenen durch ein feines Sieb gießen und, falls nötig, mit Wasser auf 125 ml auffüllen.

2 Den Orangensaft in einem Topf mit ½ EL Honig, ¼ TL Zimt und der Orangenschale verrühren und zum Kochen bringen. Couscous hineingeben, dabei die Hitze sofort auf die kleinste Stufe reduzieren und den Couscous zugedeckt 10 Minuten quellen lassen. Dann Butter und nach Wunsch Orangenblütenwasser unterrühren und weitere 5 Minuten bei ausgeschaltetem Herd zugedeckt quellen lassen.

3 Inzwischen nacheinander erst die Mandeln, dann die Pistazien in einer Pfanne ohne Fett rösten, bis sie duften, danach herausnehmen, abkühlen lassen und grob hacken. Rosinen nach Belieben ebenfalls grob hacken. Granatapfelkerne aus den Trennwänden und der Schale herauslösen.

4 Den Couscous auf Schalen anrichten und mit übrigem Zimt bestreuen. Joghurt, Orangenfilets und Granatapfel darauf verteilen und mit Rosinen, Mandeln und Pistazienkernen verzieren. Mit übrigem Honig beträufeln und möglichst warm genießen.

HAPPY-COCO-BOWL

ZUTATEN

1 große Banane (s. Tipp)

2 Spritzer Zitronensaft

5 getrocknete (Medjool-)Datteln

400 ml Kokosdrink (s. Tipp)

120 g Kleinblatt-Haferflocken

20 g Kokosflocken

1 ½ EL geschroteter (Gold-) Leinsamen

1 Baby-Ananas

125 g Himbeeren

2 EL Kakao-Nibs

2–3 EL Kokoschips (nach Belieben)

SO GEHT'S

1 Die Banane schälen, in Stücke schneiden und im Zitronensaft wenden. Datteln halbieren, den Kern entfernen und die Hälften längs in feine Streifen schneiden. Die Hälfte davon mit der Banane, dem Kokosdrink, den Hafer- und Kokosflocken und den Leinsamen in einen Blender oder (Hochleistungs-)Mixer geben und auf höchster Stufe pürieren. Den Kokosbrei auf zwei Schalen verteilen und möglichst 10 Minuten ziehen lassen.

2 Währenddessen Schopf, Strunk und Schale der Baby-Ananas entfernen und das Fruchtfleisch der Länge nach vierteln oder achteln. Himbeeren vorsichtig waschen und trocken tupfen. Beeren und Ananasstücke auf dem Kokosbrei verteilen und mit den übrigen Dattelstreifen, Kakao-Nibs und nach Wunsch Kokoschips anrichten und servieren.

TIPP

Kokosdrink ist ähnlich wie Mandeldrink, dünner als eine Kokosmilch in Dosen und weniger fetthaltig. Wer es üppiger mag, gönnt sich aber ruhig die Kokosmilch – am besten die etwas dünnflüssigere aus dem Tetrapack. Wer möchte, schält und schneidet die Banane am Abend zuvor in Scheiben und friert diese in einer Gefrierbox ein. Mit den übrigen Zutaten mitpüriert, gibt die gefrorene Banane dem Brei mehr Konsistenz, und man muss ihn nicht extra ziehen lassen.

CHIA-PUDDING-BOWL

ZUTATEN

125 g Himbeeren

⅓ Vanilleschote

350 ml Mandeldrink

4 EL Chia-Samen

125 g Brom- oder Heidelbeeren

3 EL Mandelblättchen

2 EL Kokoschips

2 EL Agavendicksaft
(alternativ Ahornsirup)

SO GEHT'S

1 100 g Himbeeren vorsichtig waschen. Vanilleschote längs halbieren, das Mark herauskratzen. Himbeeren und Vanillemark mit dem Mandeldrink pürieren und in ein verschließbares Glas geben. Chia-Samen zugeben und gründlich unterrühren. Nach etwa 10–20 Minuten nochmals gut durchrühren, damit die Samen nicht zusammenklumpen. Das Glas verschließen und die Samen über Nacht im Kühlschrank quellen lassen.

2 Am nächsten Tag die übrigen Himbeeren und Brom- oder Heidelbeeren vorsichtig waschen und trocken tupfen. Mandelblättchen in einer Pfanne ohne Fett rösten, bis sie hell bräunen, dann herausnehmen und abkühlen lassen. Chia-Pudding in Schalen füllen, Beeren, Mandelblättchen und Kokoschips darauf verteilen. Mit Agavendicksaft süßen.

TIPP

Die Bowl eignet sich auch hervorragend zum Mitnehmen: Die Chia-Samen einfach im Schraubglas mitnehmen, Beeren, Mandeln und Kokoschips separat einpacken und alles dann vor Ort anrichten – so kann man den Tag ganz ohne Stress starten.

JUWELEN-BOWL

ZUTATEN

FÜR DEN QUARK

8 getrocknete Feigen

1 Bio-Orange

1 Sternanis

⅓ Zimtstange

250 g Speisequark (40 % Fett)

2 Msp. abgeriebene Bio-Zitronenschale

1 EL flüssiger Honig

2 EL Pistazienkerne

AUSSERDEM

80 g Kleinblatt-Haferflocken

Salz

3 EL Walnusskerne

1 Kaki

3 EL Granatapfelkerne

SO GEHT'S

1 Feigen in Stückchen schneiden. Die Orange waschen, abtrocknen, dann die Schale fein abreiben und den Saft auspressen. Saft mit 2 Msp. Schale und den Gewürzen in einen kleinen Topf geben und aufkochen lassen. Feigen zugeben und alles bei schwacher Hitze 15 Minuten offen köcheln, dann abkühlen lassen und die Gewürze entfernen, lauwarm abkühlen lassen.

2 Quark mit Zitronenschale und Honig glatt verrühren. Pistazien grob hacken und einen großen Teil davon unterrühren.

3 In einem kleinen Topf 450 ml Wasser zum Kochen bringen. Haferflocken einrühren, einmal unter Rühren aufkochen lassen, dann die Hitze reduzieren. Bei schwacher Hitze zugedeckt 10 Minuten ganz leicht köcheln lassen, dabei ab und zu umrühren, damit der Getreidebrei nicht am Topfboden ansetzt. Zuletzt mit etwas Salz abschmecken. Haferflockenbrei auf Schalen verteilen und abkühlen lassen.

4 Die Walnüsse grob hacken. Kaki waschen und quer in Scheiben schneiden, dabei den Stielansatz entfernen.

5 Kaki-Scheiben darauflegen, Quark danebensetzen, etwas Feigen samt Sud über Quark und Getreidebrei verteilen und alles mit den übrigen Pistazien bestreuen. Zum Abschluss mit Granatapfelkernen und Walnüssen toppen.

GREEN-SMOOTHIE-BOWL

ZUTATEN

FÜR DIE SMOOTHIE-CREME

150 g Grünkohlblätter

120 g (Wurzel-)Spinat

3 Saft-Orangen

2 Äpfel

5 getrocknete (Medjool-)Datteln

AUSSERDEM

125 g Himbeeren

6 EL Granola
(gekauft oder s. Tipp)

SO GEHT'S

1 Grünkohl und Spinat waschen, putzen und kleiner schneiden. Orangen halbieren und auspressen. Äpfel waschen, halbieren und in Stücke schneiden, dabei das Kerngehäuse entfernen. Die Datteln entsteinen und klein schneiden. Alles in den (Hochleistungs-)Mixer geben und fein pürieren.

2 Smoothie-Creme in Schalen füllen. Beeren säubern oder vorsichtig waschen, trocken tupfen und ebenfalls darauf verteilen. Zum Schluss mit Granola bestreuen.

GRANOLA SELBST GEMACHT

100 g Haselnüsse grob hacken oder halbieren und mit 180 g Flocken (z. B. Dinkel-, Hafer- oder Mehrkornflocken), je 30 g Sesam, Kürbiskernen und Sonnenblumenkernen und 40 g Kokosraspeln mischen. Mit 1 TL gemahlenem Zimt bestreuen. 5 EL flüssigen Honig oder Ahornsirup und 4 EL Sonnenblumenöl darübergeben und alles mit den Händen oder einem Löffel gut mischen, bis die Masse richtig klebrig ist. Auf ein mit Backpapier ausgelegtes Blech geben und gut verteilen. Im 180 °C heißen Ofen (Mitte, 160 °C Umluft) in 20–25 Minuten dunkelbraun backen, dabei eventuell ein- bis zweimal umrühren. Blech aus dem Ofen nehmen und Granola vollständig auskühlen lassen, anschließend in ein verschließbares Glas geben und auf Smoothies, in Müsli oder auf Joghurt verwenden.

NO-BACON-NO-EGG-BOWL

ZUTATEN

FÜR EDAMAME & KOKOS-BACON

3 EL Sojasauce

½ EL Öl zum Braten

1 ½ EL Ahornsirup

250 g aufgetaute, ausgepalte TK-Edamame (s. Tipp)

Salz – Pfeffer

1 EL Limettensaft

⅓ TL Pimentón de la vera

½ TL edelsüßes Paprikapulver

70 g Kokoschips

FÜR DEN SCRAMBLED TOFU

200 g Tofu

2 Frühlingszwiebeln

2–3 EL Olivenöl

½ TL Currypulver

Salz – Pfeffer

1 EL Sojasauce

5 EL Gemüsebrühe

AUSSERDEM

125 g **Quinoa (s. S. 12)**

150 g Kirschtomaten

6 Blätter Romanasalat

Salz – Pfeffer

SO GEHT'S

1 Quinoa, wie auf S. 12 beschrieben, zubereiten. Währenddessen den Backofen auf 200 °C vorheizen, ein Blech mit Backpapier auslegen. Die Hälfte der Sojasauce mit Bratöl und ½ EL Ahornsirup verrühren. Edamame hineingeben, darin wenden und auf einer Seite des Blechs verteilen, salzen und pfeffern. Im heißen Ofen (Mitte) 15 Minuten garen, dabei einmal wenden.

2 Inzwischen übrige Sojasauce und Ahornsirup mit Limettensaft, Pimentón de la vera, Paprikapulver, Salz und Pfeffer mischen und die Kokoschips darin wenden. Das Blech mit den Edamame kurz herausnehmen und die Kokoschips auf der freien Seite des Blechs verteilen. Wieder in den Ofen schieben und weitere 8–10 Minuten backen, dabei ein- bis zweimal durchrühren.

3 Inzwischen die Tomaten waschen und halbieren, leicht salzen und pfeffern. Salatblätter waschen, trocken schütteln, übereinanderlegen und quer in Streifen schneiden.

4 Den Tofu gut mit Küchenpapier trocken tupfen, dann mit einer Gabel in Stücke zerbröckeln. Frühlingszwiebeln waschen, trocken schütteln und den weißen und grünen Teil getrennt in dünne Ringe schneiden. Öl in einer beschichteten Pfanne erhitzen, darin die weißen Zwiebelringe goldgelb andünsten. Tofu zugeben, mit Currypulver, Salz und Pfeffer würzen und 2 Minuten unter Rühren braten. Sojasauce und Brühe zugeben und weitere 5 Minuten bei mittlerer Hitze unter gelegentlichem Rühren weiterbraten, bis die Flüssigkeit verkocht ist.

5 Quinoa auf Schalen verteilen, darauf die Edamame, Tomaten, Salat und den Scrambled Tofu verteilen. Kokos-Bacon darüber verteilen und alles mit den grünen Zwiebelringen bestreuen.

TIPP

Edamame sind unreife, grüne Sojabohnen, die man im Bio- oder Asienladen erhält. Dort gibt es sie meist in zwei Varianten: in den Schoten (die man eventuell entfernen kann) oder bereits ausgepalt.

PURPLE-SUPERFOOD-BOWL

ZUTATEN

FÜR DIE SMOOTHIE-CREME

1 reife Mango (ca. 380 g)

je 60 g TK-Him- und Brombeeren

100 g TK-Açai-Püree (aus dem Bioladen)

Saft von 1 Orange

FÜR DAS TOPPING

125 g Heidelbeeren

1 kleine Banane

2 EL getrocknete Cranberrys

2 EL Goji-Beeren

SO GEHT'S

1 Mango schälen und vom Kern schneiden, das Fruchtfleisch grob würfeln und mit den gefrorenen Beeren in den Blender geben. Açai-Mark in Stücke brechen und mit dem Orangensaft ebenfalls in den Blender geben. Alles fein pürieren.

2 Inzwischen für das Topping Heidelbeeren waschen und trocken tupfen. Banane schälen und in Scheiben schneiden.

3 Smoothie-Creme auf Schalen verteilen. Mit Bananen, Heidelbeeren, Cranberrys und Goji-Beeren garnieren.

AUSTAUSCH-TIPP

Anstelle des hier angegebenen Toppings schmeckt auch der selbst gemachte **Nut Crunch** **(s. S. 49)** auf der Açai-Creme.

MEDITERRANE TOMATEN-BOWL

ZUTATEN

FÜR DIE TOMATEN

400 g bunte Kirschtomaten

3 Stängel Basilikum

1 ½ EL Olivenöl

Meersalz – Pfeffer

FÜR DEN ZITRONEN-RICOTTA

½ Bio-Zitrone

3 Zweige Thymian

2 Stängel Basilikum

250 g cremiger Ricotta

Salz – Pfeffer

2 EL Olivenöl

AUSSERDEM

125 g **Hirse (s. S. 12)**

1 Bund Rucola

2 EL geröstete, gesalzene Mandeln

SO GEHT'S

1 Die Hirse zubereiten, wie auf S. 12 beschrieben. Inzwischen Rucola waschen, trocken schütteln, grobe Stiele wegschneiden, die Blätter klein zupfen. Mandeln grob hacken.

2 Für den Zitronen-Ricotta die Zitrone heiß waschen, abtrocknen, die Schale fein abreiben und den Saft auspressen. Thymian und Basilikum waschen und trocken schütteln, Blättchen abzupfen und fein hacken. 3 Msp. Zitronenschale, 2 EL Zitronensaft, die Kräuter und Ricotta verrühren. Mit Salz und Pfeffer würzen.

3 Tomaten waschen. Basilikum waschen, trocken schütteln, Blätter abzupfen und in Streifen schneiden. Olivenöl in einer beschichteten Pfanne erhitzen, darin die Tomaten bei starker Hitze ca. 3 Minuten anbraten, bis sie aufzuplatzen beginnen und dunkle Flecken bekommen. Mit Salz und Pfeffer würzen und das Basilikum untermischen.

4 Hirse auf Schalen verteilen, darauf Rucola und die Tomaten geben und einen dicken Klecks Zitronen-Ricotta dazugeben. Ricotta mit Olivenöl beträufeln. Alles mit Mandeln bestreuen.

NO-SALAD-BOWL

ZUTATEN

FÜR DIE SMOOTHIE-CREME

180 g Bio-Gurke

1 reife Avocado

3 EL Limettensaft

80 g Baby-Spinat

120 g Romanasalat

1 ½ EL Erdnussmus

½ TL gemahlener Kreuzkümmel

Salz – Pfeffer

FÜR DAS TOPPING

50 g Radieschensprossen

125 g bunte Kirschtomaten

je 1 EL schwarzer und weißer Sesam

1 EL Kürbiskerne

1 EL Sonnenblumenkerne

2 Msp. Chiliflocken (nach Belieben)

SO GEHT'S

1 Die Gurke waschen und in Stücke schneiden, Avocado halbieren, den Kern entfernen und das Fruchtfleisch aus der Schale löffeln. Sofort mit Limettensaft mischen und mit der Gurke in den Blender geben. Spinat und Salat waschen, trocken schütteln, verlesen, kleiner schneiden und mit Erdnussmus in den Blender geben. Kreuzkümmel und 180–200 ml Wasser dazugeben und alles fein pürieren. Mit Salz und Pfeffer würzen.

2 Für das Topping Radieschensprossen in ein Sieb geben und kalt abwaschen, abtropfen lassen und mit Küchenpapier trocken tupfen. Tomaten waschen, halbieren oder vierteln, dabei den Stielansatz entfernen. Sesam, Kürbiskerne und Sonnenblumenkerne in einer Pfanne ohne Fett rösten, bis sie knistern und fein duften, anschließend abkühlen lassen.

3 Die Smoothie-Creme auf Schalen verteilen, Tomaten und Sprossen daraufgeben und mit der Kernemischung bestreuen. Nach Belieben mit Chiliflocken garnieren.

AUSTAUSCH-TIPP

Anstelle der Saatenmischung lässt sich auch **Dukkah (s. S. 48)** prima über die Bowl streuen.

TROPICAL-COCONUT-BOWL

ZUTATEN

FÜR DEN KOKOSREIS

½ Vanilleschote

400 ml Kokosmilch

180 g Milchreis

2 EL Rohrohrzucker

2–3 EL Limettensaft

FÜR DAS MANGO-KOMPOTT

1 reife Mango (ca. 400 g)

¼ Vanilleschote

2 EL Rohrohrzucker

150 ml frisch gepresster Mandarinensaft

2 EL Limettensaft

AUSSERDEM

½ Papaya

3 EL Kokosraspel

kleine Minzblätter zum Dekorieren

SO GEHT'S

1 Vanilleschote längs aufschlitzen und das Mark herauskratzen. Mark und Schote mit der Kokosmilch in einen Topf geben und aufkochen lassen. Reis und Zucker zugeben und zugedeckt bei schwacher Hitze 20–25 Minuten garen und ausquellen lassen; dabei gegen Ende mit Limettensaft abschmecken. Die Vanilleschote wieder herausnehmen.

2 Währenddessen für das Kompott Mango schälen, Fruchtfleisch schräg vom Stein schneiden und klein würfeln. Vanilleschote längs aufschlitzen, das Mark herauskratzen. Mark und Schote mit Zucker, Mandarinen- und Limettensaft in einen Topf geben und aufkochen. Offen bei schwacher Hitze 15 Minuten köcheln lassen. Dann Mango in den Topf geben und 3–5 Minuten mitköcheln lassen, vom Herd nehmen und lauwarm abkühlen lassen.

3 Papaya schälen, entkernen und in Spalten schneiden. Kokosraspel in einer Pfanne ohne Fett rösten, bis sie duften und zu bräunen beginnen, anschließend abkühlen lassen. Minzblätter waschen, trocken tupfen und eventuell klein schneiden.

4 Kokosreis auf Schalen verteilen, Mangokompott und Papayaspalten daraufgeben und die Papaya mit Kokosraspel bestreuen. Zum Schluss mit Minzblättern garnieren.

VERY-BERRY-AÇAÌ-BOWL

ZUTATEN

40 g Pekannusskerne

2 EL Pistazienkerne

125 g frische gemischte Beeren (Himbeeren, Heidelbeeren, Brombeeren; alternativ aufgetaute TK-Früchte)

100 g TK-Açaì-Püree (s. Tipp)

1 Orange

2 kleine Bananen

100 g gemischte TK-Beeren

Mark von ½ Vanilleschote

2 EL Chia-Samen oder (Gold-)Leinsamen

2 EL Blütenpollen

SO GEHT'S

1 Die Pekannüsse und Pistazien in einer Pfanne ohne Fett rösten, bis sie leicht gebräunt aussehen und duften. Dann aus der Pfanne nehmen, abkühlen lassen und grob hacken. Währenddessen die Beeren vorsichtig waschen und mit Küchenpapier trocken tupfen.

2 Das gefrorene Açaì-Püree in grobe Stücke brechen, die Orange halbieren und den Saft auspressen. Die Bananen schälen und in Stücke schneiden. Açaì-Püree, Orangensaft, Bananen, tiefgefrorene Beeren und Vanillemark in den (Hochleistungs-)Mixer geben und cremig pürieren.

3 Das Açaì-Püree auf Schalen verteilen und die Beeren daraufgeben. Pekannussstücke, Pistazien, Chia- oder Leinsamen und Blütenpollen vermischen und daraufstreuen.

TIPP

Açaì-Beeren stammen ursprünglich aus Brasilien und gelten als echtes Beauty- und Superfood. Sie enthalten reichlich gesunde Antioxidantien, wenig Fruchtzucker (sind also Low-Carb-tauglich) und machen lange satt. Da die Beeren zu fast 90 % aus einem dicken Kern bestehen, werden sie noch vor Ort verarbeitet und sind bei uns nur in konzentrierter Form als tiefgefrorenes Püree oder getrocknetes Fruchtpulver im Bioladen oder Reformhaus erhältlich.

KNUSPRIGES ON TOP

DUKKAH

ZUTATEN

80 g Haselnusskerne
2 EL Pinienkerne
2 EL Sesam
1 EL Kreuzkümmelsamen
2 EL Korianderkörner
½ TL Schwarzkümmelsamen
½ TL grobes Meersalz
¾ TL getrockneter Oregano
2 TL edelsüßes Paprikapulver
½ TL gemahlener schwarzer Pfeffer

SO GEHT'S

1 Den Backofen auf 160 °C (Umluft nicht empfehlenswert) vorheizen. Haselnüsse auf ein Backblech geben und im heißen Ofen (Mitte) in 15–20 Minuten leicht braun rösten, dabei nach 10 Minuten die Pinienkerne mit dazugeben. Herausnehmen und abkühlen lassen.

2 Sesam in einer beschichteten Pfanne ohne Fett rösten, bis er leicht bräunt und knistert, dann herausnehmen. Kreuzkümmel und Koriander anschließend rösten, bis sie duften.

3 Pinienkerne und Sesam im Blitzhacker nicht zu fein zermahlen, anschließend herausnehmen und abkühlen lassen.

4 Haselnüsse zwischen den Händen reiben, bis die Schalen sich ablösen. Dann mit den gerösteten Gewürzen, Schwarzkümmel, Salz und Oregano im Mörser grob zerstoßen und mit Paprikapulver, Pfeffer, Pinienkernen und Sesam mischen.

TIPP

Die ägyptische Gewürzmischung Dukkah wird traditionell zu Fladenbrot gereicht: Man reißt ein Stück ab, taucht es erst in Olivenöl und dann in die Gewürzmischung. Es schmeckt aber auch hervorragend auf Salate, Rohkost und Gemüse in Bowls oder auf Hülsenfrüchte, wie z. B. Kichererbsen, gestreut.

SPICY GRANOLA

ZUTATEN

200 g geschälte Mandeln
100 g Cashewkerne
100 g Pekannusskerne
50 g Sonnenblumenkerne
1 EL Honig
1 EL Rohrohrzucker
1 ½ EL Sonnenblumenöl
¾ TL Meersalz
1 TL Garam Masala
⅓ TL Chilipulver

SO GEHT'S

1 Den Backofen auf 180 °C (160 °C Umluft) vorheizen. Die Mandeln und Kerne auf ein mit Backpapier ausgelegtes Blech geben und ca. 5 Minuten im Ofen (Mitte) rösten. Honig, Zucker und Öl in eine beschichte Pfanne geben und bei mittlerer Hitze unter Rühren erhitzen. Salz und Gewürze unterrühren.

2 Nüsse aus dem Ofen nehmen und in die Gewürzmischung geben. Durchrühren, bis die Nüsse schön gleichmäßig mit der Masse überzogen sind. Wieder auf das Blech geben und im heißen Ofen (Mitte) weitere 10 Minuten rösten. Herausnehmen und abkühlen lassen, dann in ein luftdichtes Glas füllen.

TIPP

Die Nüsse sind ganz oder grob gehackt ein tolles Sprinkle für Bowls, eignen sich aber auch einfach so als Knabberei.

NUT CRUNCH

ZUTATEN

70 g Mandeln
50 g Haselnusskerne
50 g Walnusskerne
2 EL Hanfsamen
2 EL Chia-Samen
2 EL Kakao-Nibs
6 getrocknete Datteln
¾ TL Lebkuchengewürz

SO GEHT'S

1 Den Backofen auf 160 °C vorheizen, Mandeln und Haselnüsse auf ein Backblech geben und in 15–20 Minuten leicht braun rösten, dabei nach 10 Minuten die Walnüsse zugeben. Alles herausnehmen und abkühlen lassen.

2 Haselnüsse zwischen den Händen reiben, bis die Schalen sich ablösen. Dann alle Nüsse im Blitzhacker oder mit dem Messer grob hacken und mit Hanf- und Chia-Samen und Kakao-Nibs mischen. Datteln entkernen und sehr fein hacken, mit Lebkuchengewürz bestreuen und das Gewürz leicht andrücken, dann die Datteln mit der Nussmischung mischen. In einem gut verschließbaren Glas aufbewahren und zu (Smoothie-)Bowls, Getreidebrei, Müsli oder Obstsalat servieren.

VEGETARISCHE UND VEGANE BOWLS

TOFU MARINIERT

ZUTATEN

200 g Tofu
1 Stück Ingwer (15 g)
1 Knoblauchzehe
1 rote Chilischote
1 Stängel Zitronengras
Saft von 1 Orange
Saft von ½ Limette
3 EL Sojasauce (alternativ Tamari)
1 EL Reiswein (alternativ trockener Sherry)

SO GEHT'S

1 Den Tofu aus der Packung nehmen und zwischen Küchenpapier gut ausdrücken, anschließend in schmale Scheiben schneiden. Ingwer und Knoblauch schälen und fein reiben bzw. pressen bzw. möglichst fein würfeln. Chilischote waschen, Kerne herauskratzen und die Schote fein würfeln. Vom Zitronengras den oberen Teil und den harten Strunk wegschneiden. Die unteren 10–12 cm längs vierteln, waschen, die Viertel längs in feine Streifen schneiden und diese fein hacken.

2 Orangen- und Limettensaft, Sojasauce und Reiswein gründlich verrühren. Knoblauch, Ingwer, Chili und Zitronengras unterrühren und alles in einen Gefrierbeutel geben. Tofu dazugeben und alles gut darin mischen, den Beutel verschließen und mindestens 2 (besser 6 Stunden) marinieren, dabei eventuell ein- bis zweimal durchmischen.

TIPP

Wer will, kann den Tofu anschließend auch trocken tupfen und in der Grillpfanne mit wenig Öl braten.

GLASIERT

ZUTATEN

- 200 g Tofu
- Sonnenblumenöl zum Braten
- 1 Knoblauchzehe
- 1 EL Ahornsirup
- 1 ½ EL Sojasauce (alternativ Tamari)
- 3 EL Barbecue-Sauce (Fertigprodukt)

SO GEHT'S

1. Den Tofu aus der Packung nehmen und zwischen Küchenpapier gut ausdrücken. Reichlich Öl in einer beschichteten Pfanne erhitzen und den Tofu darin knusprig braun braten. Aus der Pfanne nehmen und auf Küchenpapier abtropfen lassen.
2. Das Öl bis auf einen kleinen Rest aus der Pfanne gießen. Den Knoblauch schälen und hineinpressen und bei mittlerer Hitze andünsten. Dann Ahornsirup, Sojasauce, Barbecue-Sauce und 100 ml Wasser zugeben. Verrühren und bei mittlerer Hitze sirupartig dick einkochen lassen.
3. Tofu in der Pfanne 2–3 Minuten glasieren, dabei mehrmals wenden. Die Bratflüssigkeit sollte am Ende klebrig dick eingekocht sein und den Tofu schön glänzend überziehen.

AUS DEM OFEN

ZUTATEN

- 200 g Tofu
- 3 EL Sojasauce (alternativ Tamari)
- 1 EL Reisessig (alternativ Weißweinessig)
- 1 kleine Knoblauchzehe
- 3 EL Speisestärke

SO GEHT'S

1. Den Tofu zwischen Küchenpapier gut ausdrücken. Dann in Küchenpapier einschlagen, in einen tiefen Teller legen, mit einem Schneidebrett und Konservendosen beschweren. So 6 Stunden stehen lassen, nochmals trocken tupfen. Tofu in ca. 1 x 3 cm große Rechtecke schneiden. Sojasauce und Essig mischen, Knoblauch schälen und dazupressen und alles mit dem Tofu in einen Gefrierbeutel geben. Gut mischen, den Beutel verschließen und 6–12 Stunden marinieren, dabei ein- bis zweimal durchmischen.
2. Den Backofen auf 200 °C (Umluft 180 °C) vorheizen. Tofu aus der Marinade nehmen und trocken tupfen. Stärke in einen tiefen Teller geben, Tofu darin wenden – er sollte dünn überzogen sein. Auf ein mit Backpapier ausgelegtes Blech legen und im Ofen (Mitte) 30–35 Minuten knusprig backen, dabei ein- bis zweimal wenden.

EARLY-SUMMER-BOWL

ZUTATEN

FÜR DEN SPARGEL

500 g grüner Spargel

1 Bio-Zitrone

2 EL Olivenöl

Salz – Pfeffer

FÜR DIE BALSAMICO-REDUKTION

60 ml Aceto balsamico

1 TL Kokosblütenzucker

FÜR DIE ZIEGENKÄSECREME

100 g cremiger Ziegenfrischkäse light (8 % Fett)

2 EL saure Sahne

½ TL körniger Senf

4 Stängel Basilikum

AUSSERDEM

100 g **Naturreis (siehe S. 12, alternativ Wildreismischung, s. Tipp)**

Salz

1 EL Pinienkerne

100 g Erdbeeren

80 g Baby-Spinat

SO GEHT'S

1 Reis zubereiten, wie auf S. 12 beschrieben, eventuell warm halten. Backofen auf 225 °C vorheizen. Die Spargelstangen waschen, die holzigen Enden kappen, die untere Hälfte schälen (sehr dünne Stangen ungeschält lassen). Die Stangen in einer passenden Backform dicht an dicht nebeneinander, aber nicht übereinander legen. Zitrone heiß waschen und abtrocknen, die Schale fein abreiben und den Saft auspressen. Die Hälfte von Saft und Schale auf dem Spargel verteilen. Olivenöl darüberträufeln, salzen und pfeffern. Den Spargel im heißen Ofen (Mitte) ca. 25 Minuten garen, zwischendurch ein- bis zweimal wenden.

2 Inzwischen in einem kleinen Topf Aceto balsamico und Zucker bei mittlerer Hitze unter Rühren heiß werden lassen, dann 3–5 Minuten einköcheln lassen. Vom Herd nehmen und abkühlen lassen. Die Pinienkerne in einer Pfanne ohne Fett hellbraun rösten, dann abkühlen lassen. Die Erdbeeren waschen, putzen und in dicke Scheiben schneiden. Den Spinat waschen und trocken schleudern.

3 Für die Käsecreme den Ziegenfrischkäse mit saurer Sahne, Senf, ½–1 EL Zitronensaft und 2 Msp. Zitronenschale glatt rühren. Das Basilikum waschen und trocken schütteln, Blätter abzupfen und in feine Streifen schneiden, die Hälfte unter die Creme rühren.

4 Den Reis auf Schalen verteilen, den Spargel auf eine Seite legen, daneben den Spinat mit den Erdbeeren (separat oder vemischt) anrichten. Jeweils 1 Nocken Ziegenkäsecreme daneben oder in die Mitte setzen. Alles mit Balsamico-Reduktion beträufeln, mit Basilikum und Pinienkernen bestreuen.

TIPP

Besonders fein schmeckt hier auch eine Wildreismischung; es gibt sie mit poliertem Reis, aber auch mit Naturreis.

OTSU-BOWL

ZUTATEN

FÜR DAS DRESSING

½ Bio-Limette

1 Stück Ingwer (10 g)

3 EL Reisessig (alternativ Weißweinessig)

4 EL Sojasauce (alternativ Tamari)

½ TL Ahornsirup

2 EL geröstetes Sesamöl

2–3 Msp. Chiliflocken

Salz

FÜR DAS TOPPING

1 Bio-Mini-Gurke

6 Blätter Romanasalat

⅓ Bund Koriandergrün

2 Frühlingszwiebeln

2 EL schwarzer und weißer Sesam

AUSSERDEM

Ofen-Tofu (s. S. 53)

150 g Soba-Nudeln

SO GEHT'S

1 Den Ofen-Tofu, wie auf S. 53 beschrieben, zubereiten. Inzwischen für das Dressing die Limette heiß waschen, abtrocknen, die Schale abreiben und den Saft auspressen. Ingwer schälen und fein reiben oder winzig klein würfeln. Limettenschale und Ingwer mit den übrigen Zutaten gründlich verrühren, mit 3–4 EL Limettensaft und Salz kräftig säuerlich abschmecken und ziehen lassen.

2 Soba-Nudeln nach Packungsangabe garen, in ein Sieb abgießen und kalt abbrausen, anschließend gut abtropfen lassen. Gurke waschen, längs vierteln und in kleine Stücke schneiden. Romanasalat waschen, trocken schütteln und die Blätter quer in Streifen schneiden. Koriandergrün waschen, trocken schütteln, Blättchen abzupfen und grob hacken. Frühlingszwiebeln waschen, putzen und mit dem Grün in feine Ringe schneiden.

3 Die Nudeln in einer Salatschüssel mit Gurke, Salat, Koriandergrün und Zwiebelringen (ein wenig von beidem zurückbehalten) und dem Dressing mischen. Tofu auf die Nudeln geben und mit den beiseitegelegten Zwiebelringen, Koriandergrün und Sesam bestreuen. Vor dem Essen alles gut durchmischen.

TIPP

Das ist Nudelsalat auf japanische Art: Glutenfreie Buchweizennudeln, leichter Tofu, erfrischende Gurke und viel Kräutergrün machen ihn zu einem idealen Sommeressen!

FRESH-GARDEN-BOWL

ZUTATEN

FÜR DAS DRESSING

½ Bund Koriandergrün

10 Blätter Bärlauch (alternativ ½ Knoblauchzehe)

1 ½ TL Limettensaft

200 g Seidentofu

3 EL Sonnenblumenöl

Salz – Pfeffer

2 Msp. Chiliflocken

AUSSERDEM

125 g **Quinoa** **(s. Tipp S. 12)**

Salz

1 Möhre

60 g Baby-Spinat

40 g Brokkolisprossen (alternativ Radieschensprossen)

2 Frühlingszwiebeln

60 g TK-Dicke Bohnen

200 g TK-Grüne Bohnen

1 TL Olivenöl

4 EL Gemüsebrühe

1 EL Kürbiskerne

1 TL Goji-Beeren (nach Belieben)

SO GEHT'S

1 Die Quinoa zubereiten, wie auf S. 12 beschrieben, und eventuell warm halten. Für das Dressing Koriandergrün und Bärlauch waschen und trocken schütteln, die Korianderblätter abzupfen und beides grob zerschneiden. Koriandergrün und Bärlauch mit Limettensaft und Tofu in ein hohes Rührgefäß geben, das Öl daraufgießen. Mit dem Pürierstab auf kleiner Stufe pürieren, dabei den Stab von oben nach unten bewegen. Salzen, pfeffern und die Chiliflocken hinzugeben.

2 Die Möhre schälen und auf der Gemüsereibe in feine Streifen (Julienne) hobeln. Den Spinat waschen, verlesen und trocken schleudern. Die Sprossen in einem Sieb kalt abbrausen und gut abtropfen lassen. Die Frühlingszwiebeln waschen, putzen und trocken schütteln. Den weißen und den grünen Teil getrennt in Ringe schneiden.

3 In einem Topf ausreichend Wasser erhitzen, salzen. Die tiefgekühlten dicken Bohnen hineingeben und 2–3 Minuten darin garen. Mit einem Schaumlöffel herausheben und kurz abbrausen. Die tiefgekühlten grünen Bohnen ins kochende Wasser geben und in 8–10 Minuten bei mittlerer Hitze garen, dann in ein Sieb abgießen und abtropfen lassen.

4 Währenddessen in einem kleinen Topf das Olivenöl erhitzen und die weißen Frühlingszwiebelringe darin goldgelb andünsten. Dicke Bohnen und Brühe zugeben und zugedeckt bei kleiner Hitze 8–10 Minuten dünsten. Vom Herd nehmen und die Hälfte der grünen Frühlingszwiebelringe unterrühren. Das Couscous auf Schalen verteilen, darauf Spinat, Möhren, Sprossen, grüne und dicke Bohnen verteilen. Das Dressing in die Mitte geben. Alles mit den übrigen grünen Frühlingszwiebelringen, Kürbiskernen und nach Wunsch Goji-Beeren bestreuen.

SPINAT-HUMMUS-BOWL

ZUTATEN

FÜR DIE ZUCCHINI

2 kleine Zucchini

Salz

3 EL Olivenöl

Pfeffer

FÜR DEN SPINAT

300 g Spinat

1 EL Olivenöl

1 EL Pinienkerne

1 EL getrocknete Berberitzen (alternativ getrocknete Sauerkirschen)

Salz – Pfeffer

FÜR DAS TOPPING

Hummus (s. S. 20)

1 Bio-Mini-Gurke

2 Tomaten

1 rote Spitzpaprika

100 g Feta

AUSSERDEM

100 g **Bulgur (s. S. 13)**

½ Zitrone

SO GEHT'S

1 Hummus zubereiten, wie auf S. 20 beschrieben. Bulgur zubereiten, wie auf S. 13 beschrieben, und eventuell warm halten. Inzwischen die Zucchini waschen, putzen und längs in ca. 4 mm dicke Scheiben schneiden. Salzen, in ein Sieb geben und Wasser ziehen lassen.

2 Gurke waschen und in Scheiben schneiden, Tomaten waschen und quer in Scheiben schneiden, Spitzpaprika waschen und in Ringe schneiden, dabei Samen und inneren Teil entfernen. Die Zitrone in Spalten schneiden, den Feta würfeln.

3 Spinat waschen und verlesen. Olivenöl und Pinienkerne in einen Topf geben und unter Rühren erhitzen, bis die Pinienkerne leicht bräunen. Pinienkerne herausnehmen. Berberitzen und tropfnassen Spinat in den Topf geben und bei mittlerer Hitze zusammenfallen lassen, salzen, pfeffern und die Pinienkerne unterrühren. Vom Herd nehmen und zugedeckt warm halten.

4 Zucchini trocken tupfen, mit Olivenöl bestreichen und pfeffern. Eine Grillpfanne stark erhitzen, darauf die Zucchinischeiben portionsweise 2–4 Minuten pro Seite braten.

5 Bulgur auf Schalen verteilen, darauf Gurke, Tomate, Paprika und Feta geben, daneben Spinat, Hummus und die Grillzucchini platzieren. Zitronenschnitze zum Beträufeln dazulegen.

KOREANISCHE REISSCHALE

ZUTATEN

FÜR DAS OMELETT

2 Frühlingszwiebeln

4 Eier (Größe M)

1 TL Gemüsebrühe (Pulver)

1 EL Sojasauce (alternativ Tamari)

Salz – Pfeffer

3 EL Sonnenblumenöl

2 Nori-Algenblätter

FÜR DEN SPINAT

300 g Spinat

1 Knoblauchzehe

1 EL Sesam

1 TL Sonnenblumenöl

Salz – Pfeffer

1–2 TL geröstetes Sesamöl

FÜR DAS TOPPING

1 dicke Möhre

200 g weißer Rettich

2 Frühlingszwiebeln

AUSSERDEM

½ Portion **Sushi-Reis (s. S. 14)**

Chiliflocken zum Bestreuen

SO GEHT'S

1 Den Sushi-Reis, wie auf S. 14 beschrieben, zubereiten. Inzwischen Möhre und Rettich schälen. Die Möhre mit dem Sparschäler in Spalten (Julienne) abziehen, den Rettich in feine Stifte schneiden. Frühlingszwiebeln waschen, putzen und ebenfalls in feine Streifen schneiden.

2 Den Spinat waschen, verlesen und gut abtropfen lassen. Knoblauch schälen und fein hacken. Sesam in einem Topf rösten, bis er duftet, dann herausnehmen. Sonnenblumenöl in den Topf geben, darin den Knoblauch andünsten. Spinat tropfnass zugeben, salzen, pfeffern und bei starker Hitze zusammenfallen lassen. In ein Sieb geben, abtropfen lassen, eventuell etwas ausdrücken und mit Sesamöl mischen.

3 Für das Omelett die Frühlingszwiebeln waschen, putzen, längs samt Grün in feine Streifen und diese in möglichst kleine Stücke schneiden. Mit den Eiern, dem Brühepulver, 2 EL Wasser und Sojasauce in einer Schüssel verrühren und leicht salzen und pfeffern. Die Hälfte des Öls in einer Pfanne erhitzen, die Hälfte der Eiermischung hineingeben und bei schwacher Hitze garen, bis sie leicht gestockt, aber noch feucht ist. Ein Algenblatt auflegen, leicht festdrücken und das Omelett von einer Seite zur anderen aufrollen, dabei immer gut andrücken. Aus der Pfanne nehmen und das zweite Omelett ebenso braten. Etwas abkühlen lassen, dann die Rolle quer in Scheiben schneiden.

4 Reis auf Schalen verteilen. Omelettschnecken auflegen. Spinat dazugeben, mit Sesam bestreuen und Rettich und Möhren daneben verteilen. Lauchzwiebelstreifen dazugeben und nach Wunsch mit Chiliflocken bestreuen.

AUSTAUSCH-TIPP

Wer will, genehmigt sich dazu statt Rettich- und Möhrenrohkost die **Japan-Pickles (s. S. 17).**

GADO-GADO-BOWL

ZUTATEN

FÜR DEN KOHLSALAT

300 g Spitzkohl

Salz

Zucker

1 EL Limettensaft

FÜR DIE ERDNUSSSAUCE

1 Schalotte

1 Knoblauchzehe

1 EL Sonnenblumenöl

1 kleine Dose Kokosmilch (160 ml)

1 ½ EL Erdnussmus

3 EL Sojasauce (alternativ Tamari)

½ TL Rohrohrzucker

½–1 TL Chilisauce (z. B. Sriracha)

2–3 EL Limettensaft

FÜR DAS GEMÜSE

1 rote Spitzpaprika

1 Möhre

2 Stangen Staudensellerie

1 Knoblauchzehe

2 EL Sonnenblumenöl

2 EL Sojasauce (alternativ Tamari)

1 EL Limettensaft

AUSSERDEM

150 g breite Reisnudeln (Pad-Thai-Nudeln)

Öl zum Braten

200 g Tempeh

2 EL gehacktes Koriandergrün

SO GEHT'S

1 Für den Kohlsalat Kohl waschen, vierteln und den Strunk großzügig herausschneiden. Die Viertel quer in ganz feine Streifen schneiden oder hobeln. Mit je 1 großzügigen Prise Salz und Zucker und dem Limettensaft mit den Händen durchkneten, bis der Kohl schön weich ist. Anschließend ziehen lassen.

2 Für die Sauce Schalotte und Knoblauch schälen und fein hacken. In Öl bei schwacher Hitze glasig dünsten und mit Kokosmilch und 5 EL Wasser ablöschen. 5 Minuten offen köcheln lassen, dann die übrigen Zutaten unterrühren, dabei 1 EL Limettensaft zurückbehalten. Sauce offen 10 Minuten bei schwacher Hitze köcheln lassen, dabei gelegentlich umrühren. Mit dem übrigen Limettensaft abschmecken.

3 Backofen auf 150 °C (Umluft nicht empfehlenswert) vorheizen. Nudeln nach Packungsanweisung garen. Inzwischen Tempeh in 1 cm dicke Scheiben schneiden. Reichlich Öl in einer Pfanne erhitzen, den Tempeh darin beidseitig bei mittlerer Hitze goldbraun braten. Auf Küchenpapier geben und abtupfen, dann auf ein mit Pergamentpapier ausgelegtes Blech geben und im Backofen (Mitte) 10 Minuten weitergaren.

4 Inzwischen Paprika vierteln, putzen, waschen und quer in Streifen schneiden. Möhre schälen, längs vierteln und schräg in dünne Scheiben schneiden. Staudensellerie waschen, putzen und schräg in dünne Streifen schneiden. Knoblauch schälen und fein hacken. Öl in einem Wok erhitzen und Gemüse und Knoblauch darin bei starker Hitze unter Rühren braten. Mit Sojasauce und Limettensaft ablöschen, kurz weiterbraten und anschließend vom Herd nehmen.

5 Nudeln abgießen, abtropfen lassen und auf Schalen verteilen. Mit Gemüse, Kohl und Tempeh belegen und Erdnusssauce dazugeben. Nach Wunsch mit Koriandergrün bestreuen und zum Essen am besten alles untereinandermischen.

SOMMER-BOWL

ZUTATEN

FÜR DIE SALSA

1 große Fleischtomate

2 Stängel Basilikum

½ Knoblauchzehe

Salz – Pfeffer

1 TL Aceto balsamico

FÜR DIE MANDELSAUCE

50 ml Gemüsebrühe

40 g getrocknete Tomaten (in Öl)

20 g Mandelmus

Salz – Pfeffer

Chiliflocken

FÜR DAS GEMÜSE

1 Zucchini

je 1 gelbe und rote Paprika

½ Knoblauchzehe

6 Zweige Thymian

2–4 EL Olivenöl

AUSSERDEM

6 Kugeln Mini-Mozzarella

160 g Fregola (alternativ Kritharaki-Reisnudeln oder kleine Hartweizennudeln, z. B. Hörnchen) – Salz

2 EL kleine schwarze Oliven

2 EL Kapernäpfel

SO GEHT'S

1 Für die Salsa die Tomate waschen und klein würfeln, dabei den Stielansatz entfernen. Basilikum waschen, trocken schütteln, Blättchen abzupfen und grob zerkleinern. Knoblauch schälen und fein hacken. Alles mischen, mit Salz, Pfeffer und Aceto balsamico würzen und durchziehen lassen. Mozzarella trocken tupfen und halbieren oder vierteln.

2 Währenddessen für die Mandelsauce Gemüsebrühe erhitzen, getrocknete Tomaten grob zerschneiden und mit Gemüsebrühe und Mandelmus fein pürieren. Mit Salz, Pfeffer und Chiliflocken pikant abschmecken.

3 Zucchini waschen, putzen, längs vierteln und in Stücke schneiden. Paprika halbieren, putzen, waschen und in Würfelchen schneiden. Knoblauch schälen und fein würfeln, Thymian waschen, Blättchen abzupfen und fein hacken. Die Fregola nach Packungsanweisung in Salzwasser garen und abgießen.

4 In einer beschichteten Pfanne 3 EL Olivenöl erhitzen. Darin Zucchini, je die Hälfte Knoblauch und Thymian unter Rühren braten, bis er leicht gebräunt ist, salzen, pfeffern und herausnehmen. Etwas Öl in die Pfanne geben, wieder heiß werden lassen. Darin Paprika, übrigen Knoblauch und Thymian unter Rühren 8–10 Minuten braten und herausnehmen.

5 Fregola in Schüsseln verteilen, darauf Paprika und Zucchini geben, die Mandelsauce danebensetzen. Die halbierten Mozzarella-Kugeln danebenlegen und Tomatensalsa darübergeben. Mit Oliven und Kapernäpfeln garnieren.

PINK-SURPRISE-BOWL

ZUTATEN

FÜR DAS DRESSING

½ Knoblauchzehe

100 g Joghurt (1,5 % Fett)

1 EL Mayonnaise

½–1 TL Currypulver

2 EL Limettensaft

Salz – Pfeffer

FÜR DEN GRÜNKOHL

300 g Grünkohl

½ Knoblauchzehe

1 EL Olivenöl

Salz – Pfeffer

2 Msp. Chiliflocken

1 EL Limettensaft

AUSSERDEM

Rote-Bete-Quinoa (s. S. 91)

1 Möhre

1 rote Spitzpaprika

1 kleine feste Mango (ca. 300 g)

1 Mini-Dose Kichererbsen (ca. 80 g Abtropfgewicht)

SO GEHT'S

1 Rote-Bete-Quinoa zubereiten, wie auf S. 91 beschrieben, und warm halten. Für das Dressing den Knoblauch schälen und zum Joghurt pressen. Mit Mayonnaise, Currypulver und Limettensaft verrühren und mit Salz und Pfeffer würzen.

2 Die Möhre schälen und auf der Gemüsereibe grob raspeln. Die Paprika längs halbieren, putzen, waschen, die Hälften quer in dünne Streifen schneiden. Die Mango schälen, das Fruchtfleisch links und rechts vom Stein abschneiden und klein würfeln. Kichererbsen in ein Sieb abgießen, kalt abbrausen und abtropfen lassen.

3 Den Grünkohl waschen und trocken schütteln. Die Blätter in mundgerechten Stücken von den Stielen zupfen, Stiele entsorgen. Den Knoblauch schälen und in Scheiben schneiden. In einer beschichteten Pfanne das Öl erhitzen, den Knoblauch darin andünsten. Den Grünkohl zugeben und bei großer Hitze unter Rühren 1 Minute braten. Mit Salz, Pfeffer und Chiliflocken würzen und bei kleiner Hitze in ca. 5 Minuten fertiggaren. Mit Limettensaft beträufeln, den Knoblauch eventuell herausfischen.

4 Die Rote-Bete-Quinoa auf Schalen verteilen. Kichererbsen, Paprika, Möhre, Mango und Grünkohl darauf verteilen. Das Dressing in die Mitte geben.

APHRODITES BEAUTY-BOWL

ZUTATEN

FÜR DAS PETERSILIENPESTO

40 g Mandeln

1 kleines Bund Petersilie

½ Knoblauchzehe

½ Bio-Zitrone

80–100 ml Olivenöl

Salz – Pfeffer

FÜR DIE PAPRIKA

2 rote Spitzpaprika

½ Knoblauchzehe

3 Zweige Thymian

Olivenöl zum Braten

Salz – Pfeffer

Saft von 1 Orange

FÜR DAS TOPPING

125 g Baby-Spinat

200 g Halloumi

Olivenöl zum Braten

2 EL kleine schwarze Oliven

AUSSERDEM

120 g **Couscous** **(s. S. 13)**

SO GEHT'S

1 Für das Petersilienpesto die Mandeln grob hacken und in einer Pfanne ohne Fett rösten, bis sie leicht bräunen, dann abkühlen lassen. Inzwischen Petersilie waschen, gut trocken tupfen, Blättchen abzupfen und grob zerschneiden. Knoblauch schälen und grob hacken. Zitrone heiß waschen, abtrocknen, Schale fein abreiben und den Saft auspressen. Mandeln, Petersilie, Knoblauch und ½ TL Zitronenschale mit 2 EL Zitronensaft und gut der Hälfte Olivenöl pürieren, dann nach und nach so viel Öl zugeben, bis die gewünschte Konsistenz erreicht ist, zum Schluss mit Salz und Pfeffer würzen.

2 Die Paprika halbieren, putzen, waschen und in kleine Stücke schneiden. Knoblauch schälen und in Scheiben schneiden. Thymian waschen, trocken schütteln, Blättchen abzupfen und fein hacken. 2 EL Öl in einer Pfanne erhitzen, darin Paprika und Knoblauch bei großer Hitze unter Rühren braten, bis die Paprika leicht bräunen. Thymian zugeben, salzen, pfeffern und mit gut der Hälfte Orangensaft ablöschen. Bei mittlerer Hitze 5–7 Minuten fertig garen, dabei nach und nach übrigen Orangensaft zugeben – er sollte am Ende vollständig verdampft sein.

3 Spinat waschen, verlesen und trocken schleudern. Couscous zubereiten, wie auf S. 13 beschrieben. Halloumi trocken tupfen und quer in 1 cm dicke Scheiben schneiden. Eine Grillpfanne dünn mit Öl bepinseln, erhitzen und den Käse darin beidseitig braten, bis er leicht gebräunt ist.

4 Couscous auf Schalen verteilen, darauf den Halloumi und den Spinat verteilen, beides mit Pesto beträufeln. Die Paprika und schwarze Oliven danebenlegen.

TOSKANA-BOWL

ZUTATEN

FÜR DIE TOMATEN

300 g Kirschtomaten

1 kleine Knoblauchzehe

1 Zweig Rosmarin

1 ½ EL Olivenöl

1 TL Aceto balsamico

Salz – Pfeffer

Zucker

FÜR DEN SCHWARZKOHL

350 g Schwarzkohl

½ Knoblauchzehe

2 EL Olivenöl (alternativ Kokosöl)

Salz – Pfeffer

1 Spritzer Zitronensaft

FÜR DIE BOHNEN

1 Dose weiße Bohnen (400 g Füllgewicht)

½ Knoblauchzehe

8 Salbeiblätter

1 EL Olivenöl

1 TL Tomatenmark

Salz – Pfeffer

AUSSERDEM

125 g Zartweizen (Ebly®)

SO GEHT'S

1 Den Backofen auf 200 °C (Umluft 180 °C) vorheizen. Tomaten waschen und in eine kleine ofenfeste Form geben. Knoblauch schälen und in Scheiben schneiden, Rosmarin waschen, Nadeln abzupfen und fein hacken. Knoblauch zu den Tomaten geben, Rosmarin darüberstreuen, mit Olivenöl und Aceto balsamico beträufeln, mit Salz und Pfeffer würzen und mit 1 Prise Zucker bestreuen. Im heißen Ofen (Mitte) 20–25 Minuten garen, dabei nach ca. 15 Minuten Garzeit einmal durchrühren.

2 Den Kohl waschen und quer in Streifen schneiden, dabei dicke Strünke wegschneiden. Knoblauch schälen und fein hacken. Olivenöl in einem Topf erhitzen, darin den Knoblauch goldgelb dünsten. Kohl zugeben, salzen, pfeffern und unter Rühren kurz andünsten. 5–6 EL Wasser zugeben und bei mittlerer Hitze 7–10 Minuten garen. Mit Zitronensaft abschmecken.

2 Inzwischen Zartweizen nach Packungsangabe garen und warm halten.

3 Die weißen Bohnen abgießen, dabei die Einlegeflüssigkeit auffangen. Knoblauch schälen und fein hacken, Salbei abreiben und in Streifen schneiden. Olivenöl in einem Pfännchen erhitzen, darin Knoblauch und Salbei andünsten, Tomatenmark unterrühren. Etwas von dem Bohnenwasser und die Bohnen zugeben und salzen und pfeffern. Bei schwacher bis mittlerer Hitze 5–7 Minuten garen, sodass am Ende die Flüssigkeit verdunstet ist.

4 Zartweizen auf Schalen verteilen. Bohnen, Kohl und Tomaten darauf verteilen.

TIPP

Wer möchte, gibt noch etwas zerbröckelten Parmesan oder einen Klecks Ricotta dazu.

ALADDINS WUNDER-BOWL

ZUTATEN

FÜR DIE TAHIN-SAUCE

1 kleine Knoblauchzehe

2 EL Tahin (Sesammus)

3 EL Joghurt (3,5 % Fett)

3–4 EL Zitronensaft

Salz – Pfeffer

FÜR DEN PETERSILIENSALAT

80 g Petersilie

1 große Tomate

2 Frühlingszwiebeln

1–2 EL Zitronensaft

2 EL Olivenöl

Salz – Pfeffer

AUSSERDEM

Easy Falafel (s. S. 77) oder s. Tipp

100 g **Bulgur (s. S. 13)**

250 g Brokkoli

Salz

SO GEHT'S

1 Falafeln zubereiten, wie auf S. 77 beschrieben. Bulgur zubereiten, wie auf S. 13 beschrieben. Brokkoli waschen, putzen und in kleine Röschen brechen, den Stiel schälen und in Stücke schneiden. Beides in einen Dämpfeinsatz oder -korb geben und in einem Topf mit wenig Wasser bei mittlerer Hitze 20–25 Minuten dämpfen, dabei nach einigen Minuten Garzeit salzen.

2 Für die Tahin-Sauce Knoblauch schälen und durchpressen. Mit Tahin und Joghurt glatt verrühren, dann Zitronensaft und je nach gewünschter Konsistenz 5–7 EL Wasser verrühren, zum Schluss mit Salz und Pfeffer würzen.

3 Für den Petersiliensalat Petersilie waschen, Blättchen abzupfen, trocken schleudern und kleiner zupfen oder schneiden. Die Tomate waschen, halbieren, die Kerne mit einem Löffel entfernen, das Fruchtfleisch in kleine Würfel schneiden. Frühlingszwiebeln waschen, putzen und mit dem Grün in Ringe schneiden. Zitronensaft und Olivenöl gründlich verrühren, salzen, pfeffern und mit den übrigen Zutaten mischen.

4 Bulgur auf Schalen verteilen, darauf je etwas Brokkoli, Petersiliensalat und einige Falafeln geben. Die Sauce in die Mitte bzw. leicht über Brokkoli und Falafeln geben.

TIPP

Wenn es schnell gehen soll: Anstelle von Falafeln einfach abgetropfte Kichererbsen aus der Dose in die Bowl geben.

EASY FALAFEL

ZUTATEN

1 Dose Kichererbsen (400 g Füllgewicht)

1 EL Leinsamenmehl

1 kleine Zwiebel

1 Knoblauchzehe

2 EL Olivenöl

je 3–4 Stängel Koriandergrün und Petersilie

1 ½ TL gemahlener Kreuzkümmel

2 Msp. Chilipulver

Saft von ½ Zitrone

1 EL Tahin (Sesammus)

Salz – Pfeffer

SO GEHT'S

1 Den Backofen auf 220 °C (Umluft 200 °C) vorheizen, ein Blech mit Backpapier auslegen. Kichererbsen in ein Sieb abgießen, dabei das Einweichwasser auffangen und abtropfen lassen. Das Leinsamenmehl mit 6–8 EL Wasser mit dem Schneebesen glatt verquirlen und 15 Minuten quellen lassen.

2 Zwiebel und Knoblauch schälen und grob hacken. 1 EL Olivenöl in einer kleinen beschichteten Pfanne erhitzen, darin Zwiebel und Knoblauch goldgelb andünsten, vom Herd nehmen, leicht abkühlen lassen.

3 Inzwischen Koriandergrün und Petersilie waschen, gut trocken tupfen und mit den Stielen grob zerschneiden. Mit den Kichererbsen, der Zwiebel-Knoblauch-Mischung, den Gewürzen, Zitronensaft und Tahin im Blitzhacker oder der Küchenmaschine nicht zu fein pürieren. Falls es zu trocken ist, etwas Einweichwasser zugeben.

4 Das gequollene Leinsamenmehl gründlich unterrühren und die Masse mit Salz und Pfeffer würzen. Aus der Masse 12 Bällchen formen und leicht platt zu Talern drücken, auf das Backpapier legen und rundum mit Öl bepinseln. Im heißen Ofen (Mitte) 25–30 Minuten backen, dabei ein- bis zweimal wenden.

MELON-FAKE-TUNA-BOWL

ZUTATEN

FÜR DIE POKE

350 g Wassermelonenfruchtfleisch (s. Tipp)

2 TL Sesam

2 Frühlingszwiebeln

15 g frischer Ingwer

3 Msp. Chiliflocken

3 EL Sojasauce

1 EL Reisessig

3 EL Limettensaft

1 TL brauner Zucker

1 TL geröstetes Sesamöl

Salz – Pfeffer

AUSSERDEM

125 g **Reis (s. S. 12)**

Salz

120 g ausgepalte TK-Edamame

1 Bio-Mini-Gurke

1 Avocado

2 TL Limettensaft

50 g **Mayonnaise** oder **Sojanaise (s. S. 18 oder S. 19)**

1 TL Chilisauce (z. B. Sriracha)

1 Kästchen Radieschenkresse

SO GEHT'S

1 Den Reis, wie auf S. 12 beschrieben, zubereiten. Das Melonenfleisch in 1 cm große Würfel schneiden (s. Tipp). Sesam in einer Pfanne rösten, bis er duftet, dann abkühlen lassen. Die Frühlingszwiebeln putzen, waschen, trocken schütteln und samt Grün schräg in feine Ringe schneiden. Ingwer schälen, fein hacken und mit Chiliflocken, Sojasauce, Reisessig, Limettensaft, Zucker und Sesamöl verrühren, salzen und pfeffern. Die Hälfte der Frühlingszwiebeln, Sesam und Melone damit mischen. Zugedeckt im Kühlschrank ca. 1 Stunde ziehen lassen.

2 Inzwischen die Edamame in ausreichend kochendem Salzwasser 8–10 Minuten bei mittlerer Hitze garen. Anschließend in ein Sieb abgießen, kalt abbrausen und abtropfen lassen. Die Gurke waschen, längs halbieren und quer in feine Scheiben schneiden. Avocado längs halbieren, Kern und Schale entfernen und das Fruchtfleisch quer in Scheiben schneiden. Sofort mit 1 TL Limettensaft beträufeln, damit sie nicht braun wird. Mayonnaise oder Sojanaise, wie auf S. 18 bzw. 19 beschrieben, zubereiten, und mit übrigem Limettensaft und Chilisauce verrühren. Radieschenkresse vom Beet schneiden, waschen und trocken schütteln.

3 Den Reis auf Schalen verteilen, darauf Edamame, Avocado, Gurke und Radieschenkresse ringsum nebeneinander anordnen, dabei Platz für die Melonen-Poke lassen. Melone aus der Marinade heben, leicht abtropfen lassen und ebenfalls auf dem Reis platzieren. Mayonnaise in die Mitte geben. Von der Marinade einige EL abnehmen und über die übrigen trockenen Zutaten träufeln. Alles mit übrigen Zwiebelringen bestreuen.

15ML - 1TBSP

NO-FAT-GREEK-BOWL

ZUTATEN

FÜR DAS PETERSILIEN-PESTO

20 g Walnusskerne

1 Bund Petersilie

1 Knoblauchzehe

fein abgeriebene Schale und Saft von ½ Bio-Zitrone

2 EL Olivenöl

Salz – Pfeffer

FÜR DIE SCHMORTOMATEN

200 g Kirschtomaten

1 Knoblauchzehe

1 EL Olivenöl

⅓ TL getrockneter Oregano

Salz – Pfeffer

AUSSERDEM

2 Zucchini (ca. 500 g; je 1 gelbe und 1 grüne)

Salz

150 g Feta

20 g schwarze Oliven (ohne Stein)

1 Glas Artischockenherzen in Salzlake (Abtropfgewicht ca. 120 g)

SO GEHT'S

1 Die Zucchini waschen und putzen. Mit dem Spiralschneider in dünne Spiralen hobeln, leicht salzen und kurz mit den Händen durchkneten. Ziehen lassen.

2 Für das Pesto die Walnüsse in einer Pfanne ohne Fett hellbraun rösten, dann abkühlen lassen. Petersilie waschen und trocken schütteln. Einige Blättchen beiseitelegen, den Rest samt den Stielen grob zerkleinern. Knoblauch schälen und grob hacken. 10 g Walnüsse mit Petersilie, Knoblauch, ½ TL Zitronenschale, 2 EL Zitronensaft und dem Öl fein zu einem dickflüssigen Dressing pürieren. Falls nötig, Wasser zugeben. Salzen und pfeffern.

3 Den Feta trocken tupfen und grob zerbröckeln, die Oliven in Ringe schneiden. Artischockenherzen in einem Sieb abtropfen lassen, eventuell kleiner schneiden. Übrige Walnüsse grob hacken. In einem Topf reichlich Wasser zum Kochen bringen.

4 Für die Schmortomaten die Tomaten waschen. Den Knoblauch schälen, in Scheiben schneiden. In einer Pfanne das Öl erhitzen, Tomaten und Knoblauch darin bei großer Hitze 3–4 Minuten braten, bis sie dunkle Stellen bekommen und zu platzen beginnen. Mit Oregano, Salz und Pfeffer würzen, zugedeckt ziehen lassen.

5 Die Zucchininudeln ins kochende Wasser geben und 2 Minuten garen. In ein Sieb abgießen und auf Schalen verteilen. Schmortomaten, Artischocken und Feta darauf verteilen, Pesto darüberträufeln. Mit Walnüssen, Oliven, Petersilie und nach Wunsch mit der übrigen Zitronenschale bestreuen.

TIPP

Wer möchte, übergießt die Zucchininudeln einfach mit kochendem Wasser aus dem Wasserkocher und lässt sie in 2–3 Minuten darin heiß werden.

BUDDHA-MONK-POKE-BOWL

ZUTATEN

FÜR DIE POKE

200 g fester Tofu

1 Knoblauchzehe

15 g frischer Ingwer

4 EL Sojasauce

1 TL Weißwein- oder Reisessig

1 TL geröstetes Sesamöl

½ – ¾ TL Chilisauce (z. B. Sriracha)

4 Frühlingszwiebeln

FÜR DAS PICKLE-GEMÜSE

1 Möhre

150 g Bio-Salatgurke

4 Radieschen

10 g frischer Ingwer

1 TL brauner Zucker

Salz – Chiliflocken

4 EL Weißwein- oder Reisessig

AUSSERDEM

125 g **Reis (s. S. 12)**

Salz

3 Blätter (lila) Chinakohl

1 Avocado

Grünes Sojadressing (s. S. 21, nach Belieben)

1 EL Sesam

Korianderblätter zum Garnieren

SO GEHT'S

1 Für das Pickle-Gemüse die Möhre schälen und die Gurke waschen, beides auf dem Spiralschneider in schmale Streifen hobeln, alternativ auf dem Gemüsehobel in dünne Streifen (Julienne) raspeln. Radieschen waschen, putzen und in Scheiben schneiden. Ingwer schälen und fein hacken. Gemüse mit Zucker, 1 guten TL Salz, 2–3 Msp. Chiliflocken und Essig mischen und mit den Händen leicht durchkneten, gut zusammendrücken und möglichst noch 1–2 Stunden ziehen lassen (gerne auch über Nacht).

2 Gleichzeitig den Tofu gut trocken tupfen und in gut 1 cm große Würfel schneiden. Knoblauch und Ingwer schälen und fein würfeln. Beides mit Sojasauce, Essig, Öl und Chilisauce verrühren und den Tofu damit übergießen. Frühlingszwiebeln waschen, putzen und den grünen und weißen Teil in Ringe schneiden. Bis auf einen Teil der grünen Ringe alles mit dem Tofu mischen und zugedeckt möglichst noch 1–2 Stunden ziehen lassen

3 Den Reis, wie auf S. 12 beschrieben, garen. Chinakohl waschen, putzen, trocken schütteln, die Blätter übereinanderlegen und quer in ca. 1 cm breite Streifen schneiden. Avocado längs halbieren, den Kern und die Schale entfernen und das Fruchtfleisch gut 1 cm groß würfeln.

4 Reis auf Schalen verteilen, das Pickle-Gemüse leicht abtropfen lassen und auf dem Reis verteilen, Avocado und Chinakohl daneben platzieren. Den Tofu aus der Marinade heben und ebenfalls auf den Reis geben. Die Marinade leicht über Chinakohl und Avocado träufeln oder nach Wunsch üppig mit Grünem Sojadressing beträufeln. Alles mit Sesam, Koriander und Frühlingszwiebelringen bestreuen.

STAR-OF-CYPRUS-BOWL

ZUTATEN

FÜR DIE HALLOUMI-PUFFER

150 g Halloumi

80 g Baby-Spinat

3 Frühlingszwiebeln

1 Ei (Größe M)

2 EL Semmelbrösel

2 Msp. Chilipulver

Salz – Pfeffer

Öl zum Braten

AUSSERDEM

100 g Reis

4 EL ganze rote Linsen

Salz

1 Zucchini

1 Knoblauchzehe

300 g bunte Kirschtomaten (gelb, orange, rot)

Pfeffer

2 EL Aceto balsamico

2 Stängel frische Minze

Saft von ½ Bio-Zitrone

2 EL Kapernäpfel

SO GEHT'S

1 In einem Topf 300 ml Wasser aufkochen, den Reis und die Linsen zugeben und salzen. Aufkochen und 1 Minute kochen lassen, dann zugedeckt bei kleinster Hitze 20–25 Minuten garen bzw. ausquellen lassen. Inzwischen die Zucchini waschen, putzen und längs in ganz feine Streifen hobeln, leicht salzen und ziehen lassen. Knoblauch schälen und in Scheiben schneiden.

2 Für die Puffer Halloumi trocken tupfen und auf einer Rohkostreibe grob raspeln. Spinat waschen und trocken schleudern. 50 g Spinat fein hacken, den Rest beiseitelegen. Frühlingszwiebeln waschen und putzen. Den weißen Teil längs vierteln und fein hacken, den grünen schräg in dünne Ringe schneiden. Den weißen Teil mit gehacktem Spinat, Halloumi, Ei und Semmelbröseln mischen, mit Chili, Salz und Pfeffer würzen. Dann mit den Händen zu einer glatten Masse vermengen.

3 Etwas Öl in einer beschichteten Pfanne erhitzen und je 1 gehäuften EL Halloumimasse hineingeben und jeweils sofort glatt streichen, ca. 3 Minuten braten, wenden und weitere 2–3 Minuten braten. Tomaten waschen und trocken tupfen. In einer zweiten Pfanne ausreichend Öl erhitzen, Tomaten und Knoblauch hineingeben, salzen, pfeffern und bei großer Hitze 3–4 Minuten braten, bis die Tomaten leicht aufplatzen. Mit Essig ablöschen, durchrühren und vom Herd nehmen.

4 Wasser zum Kochen bringen (z. B. im Wasserkocher). Die Zucchinistreifen damit übergießen, 2 Minuten ziehen lassen, in ein Sieb abgießen und abtropfen lassen. Währenddessen die Minze waschen, trocken schütteln, Blättchen abzupfen und fein hacken. Etwa die Hälfte davon mit Zucchini und 2 EL Zitronensaft mischen und mit Salz und Pfeffer würzen.

5 Linsenreis auf Schalen verteilen. Zucchinistreifen und den übrigen Spinat darauf verteilen, Tomaten samt Bratensaft, Halloumi-Puffer und abgetropfte Kapernäpfel danebenlegen. Alles mit Frühlingszwiebelgrün und übriger Minze bestreuen.

MEGA-GREEN-BOWL

ZUTATEN

FÜR DIE AVOCADOCREME

1 reife Avocado

2 EL Limettensaft

5 Stängel Basilikum

1 EL Olivenöl

⅓ TL gemahlener Kreuzkümmel

2 Msp. Chilipulver

Salz – Pfeffer

AUSSERDEM

125 g **schwarze** oder **rote Quinoa (s. Tipp S. 12)**

Salz

2 EL Kürbiskerne

70 g schwarze Bohnen (aus der Dose, alternativ TK-Mexiko-Bohnenmix, s. Tipp)

1 Stange Staudensellerie

125 g Kirschtomaten

Pfeffer

50 g Baby-Spinat

200 g Brokkoli

50 g TK-Erbsen

SO GEHT'S

1 Die Quinoa zubereiten, wie auf S. 12 beschrieben, und warm halten. Für die Avocadocreme die Avocado halbieren, Stein und Schale entfernen, das Fruchtfleisch in grobe Stücke schneiden und sofort mit Limettensaft beträufeln. Das Basilikum waschen und trocken schütteln, die Blättchen abzupfen und nicht zu fein zerschneiden. Zwei Drittel davon zur Avocado geben und alles mit dem Öl fein pürieren oder einfach mit einer Gabel zerdrücken. Mit Kreuzkümmel, Chilipulver, Salz und Pfeffer würzen.

2 Die Kürbiskerne in einer Pfanne ohne Fett rösten, bis sie knistern und duften. Abkühlen lassen. Die Bohnen in ein Sieb abgießen, kalt abbrausen und abtropfen lassen. Sellerie waschen und putzen, das Grün beiseitelegen, die Stange quer in schmale Scheiben schneiden. Das Selleriegrün grob hacken. Die Tomaten waschen und halbieren, leicht salzen und pfeffern. Spinat waschen, verlesen und trocken schleudern. Brokkoli waschen und in mundgerechte Röschen brechen, den Stiel schälen und in kleine Würfel schneiden. In einem Topf ausreichend Salzwasser aufkochen. Brokkoli hineingeben und bei mittlerer Hitze 3–5 Minuten garen; nach 2 Minuten die Erbsen zugeben. In ein Sieb abgießen, kurz abschrecken und abtropfen lassen.

3 Die Quinoa auf Schalen verteilen, mit Spinat, Tomaten, Sellerie, Erbsen, Brokkoli und Bohnen belegen, die Avocadocreme in die Mitte geben. Alles mit übrigem Basilikum, Selleriegrün und Kürbiskernen bestreuen.

TIPP

Gut portionierbare tiefgekühlte Mischungen verschiedener Hülsenfrüchte, beispielsweise schwarzer Bohnen, Kidneybohnen und Kichererbsen, finden sich in den Kühlregalen vieler Supermärkte.

BOWLS MIT FLEISCH

EXTRA LEICHTE BOWLS
3 BASIS-REZEPTE

SPINATREIS

ZUTATEN

100 TK-Spinat

50 g Naturreis (Vollkornreis)

1 Schalotte

1 Knoblauchzehe

1 TL Olivenöl

Salz – Pfeffer

1–2 Spritzer Zitronensaft

SO GEHT'S

1 Den Spinat aus dem Tiefkühlfach nehmen und in einem Sieb antauen lassen. Den Reis mehrmals unter fließend kaltem Wasser abspülen, dann 10–30 Minuten in kaltem Wasser einweichen.

2 Den Reis in ein Sieb abgießen und nochmals spülen, dann abtropfen lassen. 100 ml Wasser aufkochen und leicht salzen. Den Reis hineingeben und 2 Minuten sprudelnd kochen lassen, dann zugedeckt bei kleiner Hitze 30–40 Minuten garen. Anschließend auf ausgeschalteter warmer Herdplatte weitere 10 Minuten ausquellen lassen.

3 Inzwischen die Schalotte und den Knoblauch schälen und fein würfeln. In einem Topf das Olivenöl erhitzen, die Schalotten- und Knoblauchwürfel darin bei mittlerer Hitze goldgelb andünsten. Den Spinat zugeben, unter Rühren fertig auftauen und 2–3 Minuten garen, bis die Flüssigkeit möglichst vollständig verdunstet ist. Mit Salz und Pfeffer würzen, in ein Sieb geben und kurz abkühlen lassen, dann möglichst viel Flüssigkeit herausdrücken. Den Spinat mit einem großen Messer fein hacken, unter den fertigen Reis mischen und mit Salz, Pfeffer und Zitronensaft abschmecken.

ROTE-BETE-QUINOA

ZUTATEN

50 g weiße Quinoa

Salz

1 Rote Bete (ca. 100 g)

1 Schalotte

1 TL Öl zum Braten

2 Msp. getrockneter Thymian

Pfeffer

1 TL Weißweinessig

SO GEHT'S

1 Die Quinoa in einem Sieb unter heißem Wasser kurz abwaschen und abtropfen lassen. Mit 100 ml leicht gesalzenem Wasser aufkochen, 1 Minute sprudelnd kochen lassen, dann auf kleiner Stufe zugedeckt 15–20 Minuten garen. Auf ausgeschalteter warmer Herdplatte weitere 10 Minuten ausquellen lassen.

2 Inzwischen die Rote Bete schälen und auf der Gemüsereibe fein reiben (dazu unbedingt Gummihandschuhe tragen – die Knollen färben). Schalotte schälen und fein würfeln. In einer kleinen beschichteten Pfanne das Öl erhitzen, die Schalotte darin goldgelb andünsten. Rote Bete und Thymian zugeben, salzen, pfeffern und unter Rühren 2 Minuten braten. Mit Essig ablöschen und unter Rühren braten, bis der scharfe Essiggeruch verflogen ist. Quinoa unterheben und gut mit der Roten Bete vermischen.

GEMÜSE-NUDEL-MIX

ZUTATEN

40 g Soba-Nudeln

Salz

120 g Zucchini

80 g Möhre

SO GEHT'S

1 Die Soba-Nudeln nach Packungsanweisung in leicht gesalzenem Wasser 8 Minuten garen. Inzwischen die Zucchini waschen und putzen, die Möhre schälen und putzen. Beides mit dem Spiralschneider in dünne Spirelli hobeln.

2 Die Gemüsenudeln zu den Soba-Nudeln in den Topf geben und 2 Minuten mitgaren. Alles in ein Sieb abgießen und kurz mit Wasser abbrausen, abtropfen lassen.

BURRITO-CHICKEN-BOWL

ZUTATEN

FÜR DAS HÄHNCHEN

250 g Hähnchenbrustfilet

¾ TL Chili-con-Carne-Gewürzmischung

½ TL brauner Zucker

Salz – Pfeffer

Öl zum Braten

FÜR DIE TOMATENSALSA

3 Tomaten

½ kleine rote Zwiebel

1 grüne Chilischote

⅓ Bund Koriandergrün

1 EL Limettensaft

Salz – Pfeffer

brauner Zucker

AUSSERDEM

100 g **Naturreis (s. S. 12)**

1 Dose Mais-Kidneybohnen-Mix (425 g Füllgewicht)

½ Bund Rucola

1 kleine Avocado

1 TL Limettensaft

⅔ Bund Koriandergrün

SO GEHT'S

1 Den Reis, wie auf S. 12 beschrieben, zubereiten. Gleichzeitig für die Salsa die Tomaten waschen, halbieren und den Stielansatz entfernen, die Kerne mit einem Löffel entfernen, dann das Fruchtfleisch klein würfeln. Die Zwiebel schälen und klein würfeln. Chilischote waschen, halbieren, Kerne entfernen und die Schote möglichst fein hacken. Koriandergrün waschen, trocken schütteln, die Blätter abzupfen und fein hacken. Tomaten- und Zwiebelwürfel, Koriandergrün und Chili mischen, mit Limettensaft, Salz, Pfeffer und 1 Prise Zucker würzen, ziehen lassen.

2 Inzwischen Mais-Kidneybohnen-Mix in ein Sieb abgießen und kalt abbrausen, abtropfen lassen. Rucola verlesen, waschen, dicke Stiele entfernen, Blätter eventuell kleiner zupfen und trocken schleudern. Avocado längs halbieren, Kern und Schale entfernen, das Fruchtfleisch in Würfel schneiden und sofort im Limettensaft wenden, damit es nicht braun wird. Koriandergrün waschen, trocken schütteln, Blätter abzupfen und grob hacken.

3 Das Fleisch trocken tupfen und in dünne Schnitzel (ca. 1 cm dick) schneiden. Das Chili-con-Carne-Gewürz mit dem braunen Zucker mischen. Das Fleisch darin wenden und die Mischung gut andrücken, salzen und pfeffern. Reichlich Öl in einer kleinen beschichteten Pfanne erhitzen. Darin das Fleisch bei mittlerer bis großer Hitze beidseitig braun anbraten. Vom Herd nehmen und kurz in der Pfanne ruhen lassen, dann in schmale, mundgerechte Streifen schneiden.

4 Reis auf Schalen verteilen. Mais-Kidneybohnen-Mix daraufgeben, daneben Avocado, Rucola und das Fleisch anrichten. Die Tomaten aus der ausgetretenen Flüssigkeit heben und daneben platzieren. Den ausgetretenen Saft über Bohnenmix, Rucola und Avocado träufeln. Die Salsa dazugeben und alles mit Koriandergrün bestreuen.

THAI-STYLE-SALAD-BOWL

ZUTATEN

FÜR DAS HUHN

250 g Hähnchenbrustfilet
3 Schalotten
2 Knoblauchzehen
2–3 rote Thai-Chilischoten
2 EL Sojasauce
2 EL Fischsauce
1 TL Kokosblütenzucker
1 Handvoll Thai-Basilikumblätter
20 g geröstete, gesalzene Erdnusskerne
2 EL Öl zum Braten
Salz
4–5 EL Hühnerbrühe

AUSSERDEM

200 g Reisnudeln
½ Salatgurke
1 Möhre
Limettenspalten zum Servieren

SO GEHT'S

1 Die Nudeln nach Packungsanweisung garen, in ein Sieb abgießen, kalt abschrecken und abtropfen lassen. Die Gurke schälen, längs vierteln und in Stücke schneiden. Die Möhre schälen und in feine Stifte (Julienne) schneiden. Beides mit den Nudeln mischen und auf Schalen verteilen.

2 Das Hähnchenfleisch trocken tupfen, klein schneiden, dann noch feiner hacken. Schalotten und Knoblauch schälen. Die Schalotten in schmale Streifen schneiden, den Knoblauch fein hacken. Die Chilischoten waschen und schräg in Ringe schneiden, dabei die Kerne entfernen. Soja- und Fischsauce gründlich mit dem Kokosblütenzucker verrühren. Das Thai-Basilikum waschen, trocken schütteln und grob zerzupfen. Die Erdnüsse grob hacken.

3 In einem Wok oder einer Pfanne das Öl erhitzen, Schalotten, Knoblauch und Chili darin unter Rühren braten, bis die Schalotten hell gebräunt sind. Das Fleisch zugeben, leicht salzen und bei großer Hitze unter Rühren braten, bis es ebenfalls angebräunt ist. Die Würzsauce zugießen und alles unter Rühren braten, bis die Flüssigkeit verdampft und alles schön gebräunt ist. Hühnerbrühe zugießen und den Bratensatz unter Rühren lösen.

4 Erdnüsse und Thai-Basilikum unterrühren und nur leicht zusammenfallen lassen. Alles auf den Nudeln verteilen und kurz abkühlen lassen. Vor dem Essen alles untereinandermischen. Mit Limettenspalten servieren.

VERY-BERRY-CHICKEN-BOWL

ZUTATEN

FÜR DAS DRESSING

125 g Brombeeren

½ TL mittelscharfer Senf

1 TL Aceto balsamico

½ TL Honig

1 EL Olivenöl

½ TL Sojasauce

Salz – Pfeffer

1 Zweig Thymian

¼ TL getrockneter Estragon

FÜR DAS HUHN

160 g Hähnchenbrustfilet

Salz – Pfeffer

1 EL Öl zum Braten

1 TL Butter

¾ TL getrockneter Estragon

AUSSERDEM

125 g **Hirse (s. S. 12)**

Salz

2 Stangen Staudensellerie

1 kleine rote Zwiebel

80 g Feldsalat

1 kleine Avocado

1 TL Zitronensaft

SO GEHT'S

1 Die Hirse zubereiten, wie auf S. 12 beschrieben, und eventuell warm halten. Inzwischen für das Dressing die Brombeeren waschen und abtropfen lassen. 50 g Beeren beiseitelegen, den Rest mit Senf, Aceto balsamico, Honig, Olivenöl und Sojasauce mischen und mit dem Stabmixer oder im Blitzhacker fein pürieren. Mit Salz und Pfeffer würzen. Thymian waschen und trocken schütteln, die Blättchen abstreifen, fein hacken und mit dem Estragon unter das Dressing rühren.

2 Den Backofen auf 180 °C vorheizen. Für das Huhn die Hähnchenbrust trocken tupfen, salzen und pfeffern. In einer ofenfesten Pfanne das Öl erhitzen, die Hähnchenbrust darin bei mittlerer Hitze in 4–5 Minuten rundum anbraten. Die Butter in der Pfanne zerlassen, Estragon einrühren und das Fleisch gründlich in der Estragonbutter wenden. Im heißen Ofen (Mitte) 15 Minuten garen. Herausnehmen und kurz ruhen lassen.

3 Inzwischen den Staudensellerie waschen und putzen, das Grün fein zerschneiden, die Stangen in dünne Scheiben schneiden. Die Zwiebel schälen und längs in schmale Spalten schneiden, den Feldsalat waschen, putzen und trocken schleudern. Die Avocado vierteln, Kern und Schale entfernen, die Viertel quer in Scheiben schneiden und sofort im Zitronensaft wälzen, damit sie nicht braun werden.

4 Die Hirse auf Schalen verteilen. Staudensellerie, Zwiebel, Avocado und Feldsalat sowie die beiseitegelegten Brombeeren darauf anrichten. Das Dressing darüberträufeln. Die Hähnchenbrust in Scheiben schneiden, daraufgeben und mit Estragonbutter aus der Pfanne beträufeln. Alles mit etwas Selleriegrün bestreuen.

GREEK-CHICKEN-BOWL

ZUTATEN

FÜR DAS HUHN

200 g Hähnchenbrustfilet

1 ½ Knoblauchzehen

1 EL Olivenöl

3 Zweige Thymian

½ TL getrockneter Oregano

⅓ TL gemahlener Kreuzkümmel

⅓ TL edelsüßes Paprikapulver

Salz – Pfeffer

FÜR DAS DRESSING

½ Bio-Zitrone

½ Knoblauchzehe

1 TL Honig

2 EL Olivenöl

3 Stängel Minze

AUSSERDEM

125 g **Hirse (s. S. 12)**

Salz

100 g Tomaten

1 grüne türkische Spitzpaprika

1 kleine rote Zwiebel

2 kleine Zucchini

1 TL Olivenöl zum Braten

Pfeffer

SO GEHT'S

1 Die Hirse zubereiten, wie auf S. 12 beschrieben. Das Hähnchenfleisch trocken tupfen und klein schnetzeln. Den Knoblauch schälen und zum Olivenöl pressen. Den Thymian waschen und trocken schütteln, die Blättchen abstreifen und fein hacken. Die Hälfte davon mit Oregano und Gewürzen unter das Öl rühren, dann mit dem Fleisch mischen. Mit Salz und Pfeffer würzen und kurz ziehen lassen.

2 Inzwischen für das Dressing die Zitrone heiß waschen und abtrocknen, die Schale fein abreiben und den Saft auspressen. Den Knoblauch schälen, durchpressen und mit Honig, 3 EL Zitronensaft und Olivenöl kräftig verschlagen. Die Minze waschen und trocken schütteln, die Blättchen abzupfen, die Hälfte mit dem übrigen Thymian unter das Dressing rühren.

3 Die Tomaten waschen und halbieren, vom Stielansatz befreien. Von der Paprika ebenfalls den Stielansatz wegschneiden, Kerne und Trennwände vorsichtig entfernen, die Paprika waschen und in schmale Ringe schneiden. Die Zwiebel schälen und ebenfalls in Ringe schneiden.

4 Die Zucchini waschen, putzen und schräg in knapp 1 cm dicke Scheiben schneiden. Eine Grillpfanne dünn mit Öl ausstreichen und stark erhitzen. Die Zucchini darin lagenweise 2 Minuten kräftig anbraten, dabei einmal wenden, salzen und pfeffern. Sie sollten außen gebräunt sein, d. h. braune Streifen haben, aber auf keinen Fall zu weich werden. Herausnehmen, sofort mit dem Dressing mischen und zugedeckt warm halten. Die Grillpfanne erneut erhitzen und darin das Fleisch bei mittlerer bis großer Hitze braten, bis es rundum leicht gebräunt ist.

5 Die Hirse auf Schalen verteilen. Die Hälfte der Zwiebeln sowie die gesamten Tomaten, Paprika und Zucchini darauf anrichten, ausgetretenen Bratsaft darüberträufeln. Das Fleisch mit den restlichen Zwiebelringen vermengen und ebenfalls auf der Hirse anrichten. Mit der übrigen Minze garnieren.

CASABLANCA-BOWL

ZUTATEN

FÜR DAS HUHN, MARINADE & DRESSING

200 g Hähnchenbrustfilet

¾ kleines Bund Koriandergrün

1 Knoblauchzehe

fein abgeriebene Schale und Saft von 1 Bio-Limette

150 g Joghurt (1,5 % Fett)

1 ¼ EL Harissa

⅓ TL gemahlener Kreuzkümmel

Salz – Pfeffer

1 EL Olivenöl – Zucker

1 TL Butter

FÜR DEN SALAT

2 gegarte Rote Beten (vakuumiert; ca. 250 g)

1 dicke Möhre

1 kleine rote Zwiebel

1 Orange

¼ Bund Koriandergrün

1 Bund Rucola

AUSSERDEM

1 EL Pistazienkerne

120 g **Couscous (s. S. 13)**

Salz

SO GEHT'S

1 Das Fleisch trocken tupfen und in 3 gleichmäßig dicke Streifen schneiden. Koriandergrün waschen und trocken schütteln, grob zerzupfen. Knoblauch schälen und grob zerschneiden.

2 Für das Dressing knapp die Hälfte des Koriandergrüns mit Knoblauch, Limettenschale, 1 EL Limettensaft, der Hälfte des Joghurts, 1 EL Harissa und Kreuzkümmel fein pürieren, salzen und pfeffern. 3 EL davon abnehmen und mit übrigem Joghurt und Olivenöl zu einer dickflüssigen Marinade verrühren. Salzen und pfeffern. Das Hähnchenfleisch gut mit der Marinade vermengen, zugedeckt 1 Stunde im Kühlschrank marinieren. Das übrige, dünnflüssige Dressing mit 1 Prise Zucker und etwas Limettensaft säuerlich abschmecken, ebenfalls in den Kühlschrank stellen.

3 Für den Salat die Rote Bete würfeln. Die Möhre schälen, putzen und auf der Gemüsereibe grob raspeln. Die Zwiebel schälen und längs in feine Spalten schneiden. Von der Orange die Schale samt weißer Haut abschneiden. Die Orange in Scheiben, diese in Viertel schneiden, die Kerne entfernen. Das Koriandergrün waschen und trocken schütteln, die Blättchen abzupfen und fein hacken, die Hälfte davon unter die Möhren mischen. Den Rucola waschen und trocken schleudern, grobe Stiele entfernen, die Blätter kleiner zupfen. Die Pistazien grob hacken.

4 Den Backofengrill vorheizen. Hähnchenfleisch nochmals in der Marinade wenden, auf einem Backrost in den Ofen (oben) schieben; als Tropfschutz ein Blech direkt darunterschieben. Das Fleisch 12–15 Minuten grillen; gegen Ende der Garzeit, wenn es zu bräunen beginnt, mit Butterflöckchen belegen. Währenddessen den Couscous zubereiten, wie auf S. 13 beschrieben.

5 Hähnchen aus dem Ofen nehmen, kurz ruhen lassen. Couscous auf Schalen verteilen, darauf Rucola, Möhre, Rote Bete, Zwiebeln und Orange anrichten. Hähnchen in Scheiben schneiden und darauf verteilen. Alles mit dem Dressing beträufeln, mit dem übrigen Koriandergrün und den Pistazien bestreuen.

SUMMER-CHICKEN-BOWL

ZUTATEN

FÜR DAS DRESSING

300 g Galia-Melone (geputzt ca. 200 g)

7 g frischer Ingwer

1 EL Weißweinessig

½ TL Kokosblütenzucker

2–3 Msp. Chiliflocken

1 EL Olivenöl – Salz – Pfeffer

FÜR SALAT & TOPPING

1 Bio-Mini-Gurke

1 Möhre – 6 Radieschen

2 Frühlingzwiebeln

2 Stängel Minze

1 Stängel Estragon

1 EL Pinienkerne

FÜR DAS HUHN

200 g Hähnchenbrustfilet

1 EL Öl zum Braten

2 Msp. Chiliflocken

1 Knoblauchzehe

2 EL Sojasauce

Salz – Pfeffer

AUSSERDEM

80 g Soba-Nudeln – Salz

100 g TK-Erbsen

SO GEHT'S

1 Für das Dressing die Melone entkernen. Das Fruchtfleisch von der Schale schneiden und grob würfeln. Den Ingwer schälen, fein hacken und mit den übrigen Dressingzutaten fein pürieren. Mit Salz und Pfeffer abschmecken.

2 Für den Salat die Gurke waschen, putzen, längs vierteln und von den Kernen befreien, dann die Viertel in kleine Stücke schneiden. Die Möhre schälen, putzen und auf der Gemüsereibe in feine Streifen (Julienne) hobeln. Die Radieschen waschen, putzen und in Scheiben schneiden. Für das Topping die Frühlingszwiebeln waschen, putzen und samt dem grünen Teil in feine Scheiben schneiden. Minze und Estragon waschen und trocken schütteln, die Blättchen abzupfen und fein hacken.

3 Das Hähnchenfleisch trocken tupfen, in dünne Streifen schnetzeln, mit Öl und Chiliflocken mischen. Den Knoblauch schälen, dazupressen und unterrühren. Die Soba-Nudeln nach Packungsanweisung garen. Aus dem Wasser heben und in ein Sieb geben, kurz abbrausen und abtropfen lassen. Die Erbsen ins Kochwasser geben und bei großer Hitze 2 Minuten garen. In ein Sieb abgießen und abtropfen lassen.

4 Eine beschichtete Pfanne erhitzen, die Pinienkerne darin goldbraun rösten, dann herausnehmen. Das marinierte Fleisch in die Pfanne geben und unter Rühren in 2–3 Minuten rundum braun anbraten. Mit Sojasauce ablöschen und weitere 1–2 Minuten bei kleiner Hitze garen. Mit Salz und Pfeffer abschmecken.

5 Die Nudeln auf Schalen verteilen. Erbsen, Möhre, Radieschen, Gurke und Fleisch daraufgeben. Das Dressing darübergießen und alles mit Pinienkernen, gehackten Kräutern und Frühlingszwiebeln bestreuen.

SAIGON-BOWL

ZUTATEN

FÜR DAS FLEISCH

180 g Rinderfilet

2 Stängel Zitronengras

1 Knoblauchzehe

½ rote Chilischote

3 EL Sonnenblumenöl

2 EL Sojasauce (alternativ Tamari)

Salz

FÜR DIE WÜRZSAUCE

½ rote Chilischote

3 EL Limettensaft

1 TL Rohrohrzucker

1 EL Reisessig (alternativ Weißweinessig)

2 EL Fischsauce

AUSSERDEM

150 dünne Reisnudeln

1 dicke Möhre

1 Bio-Mini-Gurke

8 Blätter Romanasalat

⅓ Bund Koriandergrün

4 Stängel Minze

2 Stängel Shiso (Perilla, aus dem Asienladen)

2 Frühlingszwiebeln

SO GEHT'S

1 Das Rindfleisch trocken tupfen und in feine Streifen schneiden. Zitronengras waschen, den oberen Teil und den Strunk wegschneiden, das Zitronengras längs halbieren, in feine Streifen schneiden und diese fein hacken. Knoblauch schälen und fein hacken. Chilischote waschen, putzen, entkernen und fein hacken. Alles mit Rindfleisch und 1 EL Sonnenblumenöl mischen und möglichst noch 2 Stunden zugedeckt marinieren lassen.

2 Für die Sauce Chilischote waschen, halbieren, putzen und in feine Streifen schneiden. Mit übrigen Zutaten und 5 EL Wasser mischen und kurz ziehen lassen.

3 Nudeln nach Packungsangabe garen, in ein Sieb abgießen und abtropfen lassen. Möhre schälen und in feine Streifen hobeln oder schneiden. Gurke schälen, längs vierteln und in dünne Scheiben schneiden. Salat waschen, trocken schleudern und schräg in 1 cm breite Streifen schneiden. Die Kräuter waschen, trocken schütteln, Blättchen abzupfen und zerzupfen. Frühlingszwiebeln waschen und mit dem Grün in feine Ringe schneiden.

4 Nudeln auf Schalen verteilen. Salat, Gemüse, Zwiebelringe und Kräuter mischen und daraufgeben – dabei etwas von den Kräutern beiseitelegen. Restliches Öl in einem Wok erhitzen. Darin das Fleisch samt Marinade bei starker Hitze unter Rühren braun braten. Mit Sojasauce ablöschen, die Sauce unter Rühren verkochen lassen. Eventuell salzen und warm auf die Schalen verteilen. Mit den beiseitegelegten Kräutern bestreuen. Die Würzsauce dazu servieren, vor dem Essen über die Zutaten geben und alles gut vermischen.

SWEET-AND-SOUR-CHICKEN-BOWL

ZUTATEN

FÜR DIE ANANAS-SALSA

½ reife Ananas (ca. 400 g)

1 kleine rote Chilischote

2 Frühlingszwiebeln

¼ Bund Koriandergrün

1 Limette

1 ½ EL Olivenöl

Salz – Pfeffer

FÜR DAS HÄHNCHENFLEISCH

200 g Hähnchenbrustfilet

1 kleine Knoblauchzehe

Öl zum Braten

Salz – Pfeffer

2 EL Sweet-Chili-Sauce (für Huhn, aus dem Asienladen)

AUSSERDEM

125 g **Reis (s. S. 12)**

80 g Rotkohl

2 Stangen Staudensellerie

100 g Bio-Gurke

40 g Rauchmandeln (Fertigprodukt)

¼ Bund Koriandergrün

SO GEHT'S

1 Den Reis, wie auf S. 12 beschrieben, zubereiten. Ananashälfte längs vierteln, das Fruchtfleisch von der Schale schneiden und den Strunk wegschneiden. Die Viertel in einer beschichteten heißen Pfanne ohne Fett rundum bei mittlerer Hitze braten, bis sie leicht gebräunt sind, ohne dabei anzubrennen. Etwas abkühlen lassen.

2 Inzwischen Chilischote waschen, halbieren, putzen und fein hacken. Frühlingszwiebeln waschen, putzen, den weißen und grünen Teil getrennt in Ringe schneiden. Koriandergrün waschen, trocken schütteln, Blättchen abzupfen und hacken. Die Limette halbieren und den Saft auspressen. Die Ananas etwa 5 mm groß würfeln, dabei den Saft auffangen. Beides mit den weißen Frühlingszwiebelringen, Chili, Limettensaft, Olivenöl und Koriandergrün mischen, salzen und pfeffern.

3 Inzwischen den Rotkohl waschen, den Strunk wegschneiden und den Kohl in feine Streifen schneiden oder hobeln. Den Sellerie waschen, putzen und die Stangen schräg in schmale Scheiben schneiden. Die Gurke waschen, längs halbieren, dann die Kerne mit einem Löffel entfernen. Die Gurkenhälften in dünne Scheiben schneiden. Mandeln grob hacken. Koriandergrün waschen, trocken schütteln und die Blättchen abzupfen.

4 Das Hähnchenfleisch trocken tupfen, anschließend fein schnetzeln. Knoblauch schälen, fein würfeln und mit dem Fleisch mischen. In einer beschichteten Pfanne ausreichend Öl erhitzen, darin das Fleisch rundum braun braten, salzen und pfeffern. Sweet-Chili-Sauce zugeben und das Fleisch darin wenden, vom Herd nehmen und kurz ziehen lassen.

5 Reis auf Schalen verteilen, darauf Kohl, Gurke und Sellerie verteilen. Ananas-Salsa dazugeben und das noch warme Fleisch in die Mitte geben. Alles mit grünen Zwiebelringen, Koriandergrün und Mandeln bestreuen.

FAT-GREEK-WEDDING-BOWL

ZUTATEN

FÜR DAS FLEISCH

1 Lammlachs (Lammfilet ca. 200 g)

2 Knoblauchzehen

3–4 EL Olivenöl

1 TL gemahlener Kreuzkümmel

¼ TL getrockneter Oregano

⅓ TL edelsüßes Paprikapulver

2–3 Msp. Chilipulver

AUSSERDEM

100 g **Bulgur (s. S. 13)**

50 g Feta

200 g Joghurt (3,5 % Fett)

2 Stängel Minze

Salz – Pfeffer

1 rote Zwiebel

1 Bio-Mini-Gurke

2 Tomaten

1 Mini-Romanasalat

4 eingelegte milde Peperoni (Glas)

60 g schwarze Oliven

Hummus (nach Belieben, s. S. 20)

Pul biber (türkische Würzmischung mit Paprika oder Chiliflocken, nach Belieben)

SO GEHT'S

1 Das Fleisch trocken tupfen, in dünne Scheiben schneiden. Den Knoblauch schälen, 1 Zehe in ein Schälchen pressen und mit 2 EL Olivenöl, ½ TL Kreuzkümmel, Oregano, Paprikapulver und Chiliflocken verrühren. Das Fleisch damit mischen und zugedeckt ziehen lassen (wer möchte, bereitet es bereits einige Stunden vorher zu und mariniert es zugedeckt im Kühlschrank).

2 Bulgur, wie auf S. 13 beschrieben, garen. Inzwischen den Feta mit einer Gabel fein zerbröckeln und mit Joghurt mischen. Den übrigen Knoblauch dazupressen. Die Minze waschen, trocken schütteln, die Blättchen abzupfen, in feine Streifen schneiden und unterrühren. 3–4 EL Wasser unterrühren, bis eine dickflüssige Sauce entstanden ist. Mit übrigem Kreuzkümmel, Salz und Pfeffer würzen.

3 Die Zwiebel schälen und in feine Ringe schneiden. Gurke waschen und in kleine Würfel schneiden. Tomaten waschen und quer in Scheiben schneiden, dabei Stielansatz entfernen. Salat waschen, trocken schleudern und die Blätter quer in Streifen schneiden.

4 Übriges Öl in einer beschichteten Pfanne erhitzen, darin das Fleisch bei großer Hitze in 3–4 Minuten unter Rühren braun braten. Salzen und pfeffern, vom Herd nehmen und kurz in der Pfanne ziehen lassen.

5 Den Bulgur auf die Schalen verteilen, darauf Salat, Gurken und Tomaten mit den Zwiebelringen, Peperoni, Oliven und nach Belieben Hummus anrichten. Das Fleisch auf einer Seite daraufgeben und die Sauce darüberträufeln. Nach Belieben mit Pul biber oder Chiliflocken bestreuen.

TIPP

Wer nicht so viel Gewürze im Vorrat hat und zusätzlich Zeit sparen möchte, würzt das Fleisch mit einer fertigen Gyros-Gewürzmischung.

RANCHERO-BOWL

ZUTATEN

FÜR RIND & MARINADE

180 g Rindersteak

Saft von 1 Limette und 1 Orange

2 EL Worcestersauce (alternativ Sojasauce)

½ TL Kokosblütenzucker

1 Knoblauchzehe

¾ TL gemahlener Kreuzkümmel

⅓ TL Chiliflocken

3 EL Olivenöl zum Braten

Salz – Pfeffer

FÜR DIE SALSA

250 g passierte Tomaten (Tetrapack)

1 kleine grüne (Spitz-)Paprika

1 Schalotte

1 Bund Koriandergrün

1 TL Limettensaft

⅓ TL gemahlener Kreuzkümmel

1 Glas eingelegte Jalapeño-Chiliringe (nach Belieben)

AUSSERDEM

100 g **Naturreis** **(s. S. 12)**

Salz

75 g TK-Bohnen-Kichererbsen-Mix

1 Mini-Romanasalat

5 Kirschtomaten

1 kleine rote Zwiebel

SO GEHT'S

1 Das Steak trocken tupfen und quer in ca. 5 mm dicke Scheiben schneiden. Für die Marinade Limetten- und Orangensaft mit Worcestersauce und Zucker verrühren. Den Knoblauch schälen, die Hälfte dazupressen. Kreuzkümmel, Chiliflocken und 2 ½ EL Öl kräftig unterschlagen. Marinade und Fleisch in einen Gefrierbeutel geben, diesen gut verschließen. Fleisch über Nacht im Kühlschrank marinieren, möglichst zwei- bis dreimal in der Marinade wenden. Am nächsten Tag den Beutel 1 Stunde vor der Zubereitung aus dem Kühlschrank nehmen. Inzwischen den Reis zubereiten, wie auf S. 12 beschrieben, und warm halten.

2 Für die Salsa Tomaten in ein hohes Püriergefäß geben. Paprika halbieren, putzen, waschen und grob würfeln, Schalotte schälen und mit dem übrigen Knoblauch grob würfeln und zu den Tomaten geben. Koriandergrün waschen und trocken schütteln, Blättchen abzupfen und grob hacken. Gut die Hälfte des Korianders beiseitelegen, den Rest mit Limettensaft, Kreuzkümmel und 5 abgetropften Jalapeño-Ringen zu den Tomaten geben. Nicht zu fein pürieren.

3 In einem Topf Wasser aufkochen, salzen, Hülsenfrüchte darin 8–10 Minuten garen. In ein Sieb gießen und abtropfen lassen. Den Salat in Blätter teilen, waschen und trocken schleudern, diese quer in 1 cm breite Streifen schneiden. Die Kirschtomaten waschen und halbieren. Die Zwiebel schälen und in feine Streifen schneiden.

4 Das Fleisch aus der Marinade nehmen, gut abtropfen lassen, die Marinade aufheben. In einer beschichteten Pfanne das übrige Öl erhitzen, das Fleisch darin bei großer Hitze rundum anbraten, salzen, pfeffern und herausnehmen. Die Marinade in die Pfanne geben und bei großer Hitze 2–3 Minuten dick einkochen lassen. Fleisch zugeben und bei kleiner Hitze 1–2 Minuten nachgaren. Die Hälfte des übrigen Koriandergrüns untermischen. Reis auf Schalen verteilen. Hülsenfrüchte, Salat, Tomaten, nach Belieben abgetropfte Jalapeños und die Steakstreifen darauf anrichten. Salsa dazugeben, mit restlichem Koriandergrün bestreuen.

BOWLS MIT FISCH

HOT-MANGO-TUNA-BOWL

ZUTATEN

FÜR DIE POKE

1 EL Sesam

250 g frisches Thunfischfilet

2 Frühlingszwiebeln

4 EL Sojasauce

¾ TL Chilisauce (Sriracha)

1 EL geröstetes Sesamöl

FÜR DAS MANGODRESSING

1 kleine reife Mango (ca. 350 g)

15 g frischer Ingwer

2 Limetten

1 EL Weißweinessig

1–2 TL brauner Zucker – Salz

2–3 Msp. Chiliflocken

2 EL gehacktes Koriandergrün

AUSSERDEM

½ Portion **Sushi-Reis (s. S. 14)**

100 g Rotkohl

Salz

1 Möhre

4 Radieschen

1 kleine gelbe Spitzpaprikaschote

SO GEHT'S

1 Den Sushi-Reis, wie auf S. 14 beschrieben, zubereiten. Den Sesam in einer Pfanne ohne Fett rösten, bis er duftet, dann abkühlen lassen. Thunfisch trocken tupfen, dann in ca. 1 cm große Würfel schneiden. Frühlingszwiebeln waschen, putzen, den weißen Teil längs halbieren und in feine Stücke schneiden, das Grün in feine Ringe schneiden. Sojasauce, Chilisauce und Sesamöl verrühren, Thunfisch, Sesam, weiße Zwiebelstücke und einen Großteil des Zwiebelgrüns untermischen und ziehen lassen.

2 Währenddessen Mango schälen, vom Stein schneiden und das Fruchtfleisch grob zerschneiden. Ingwer schälen und fein würfeln, Limettensaft auspressen. Das Mangofleisch mit Ingwer, gut der Hälfte Limettensaft, Essig und Zucker (je nach Süße der Mango mehr oder weniger) fein pürieren. Mit Salz und Chiliflocken würzen. Koriandergrün unterrühren und die Sauce mit übrigem Limettensaft und eventuell Zucker abschmecken.

3 Den Rotkohl waschen, Strunk wegschneiden und den Kohl fein hobeln. 1 Prise Salz dazugeben und mit den Händen kneten, bis er weicher wird (dazu Gummihandschuhe tragen, da er färbt). Die Möhre schälen, putzen und in feine Streifen (Julienne) hobeln. Die Radieschen waschen, putzen und in dünne Scheiben schneiden. Paprika halbieren, putzen, waschen und quer in dünne Streifen schneiden.

4 Den Reis auf Schalen verteilen, das Gemüse darauflegen und das Mangodressing dazu reichen. Thunfisch-Poke in die Mitte geben und alles mit übrigem Zwiebelgrün bestreuen.

TATAKI-BOWL

ZUTATEN

FÜR DIE ANANAS-SALSA

¼ Ananas

½ kleine rote Zwiebel

1 kleine rote Chilischote

2–3 Zweige Shiso (Perilla, aus dem Asienladen)

2 EL Limettensaft

Salz

FÜR DEN THUNFISCH

180 g frisches Thunfischfilet (Sashimi-Qualität)

Salz

½ TL schwarze Pfefferkörner

1 EL Sesam

2 EL Olivenöl zum Braten

FÜR DAS TOPPING

Avocado-Mayonnaise (s. S. 18)

1–2 Spritzer Chilisauce (z. B. Sriracha, nach Belieben)

½ rote Zwiebel

1 gelbe Paprika

1 Kästchen Shiso-Kresse (alternativ Rettichsprossen)

AUSSERDEM

½ Portion **Sushi-Reis (s. S. 14)**

SO GEHT'S

1 Für die Salsa Ananas schälen, Strunk entfernen, das Viertel längs halbieren (es sollten etwa 150 g Fruchtfleisch sein), trocken tupfen und in einer (Grill-)Pfanne ohne Öl braten, bis das Fruchtfleisch schön gebräunt ist. Abkühlen lassen. Inzwischen Zwiebel schälen und in Würfel schneiden, Chilischote waschen, putzen und fein hacken, Shiso waschen, trocken schütteln, Blättchen abzupfen und grob zerzupfen. Ananasfleisch klein würfeln und mit Chili, Zwiebel, Shiso und Limettensaft mischen, salzen und durchziehen lassen.

2 Den Sushi-Reis, wie auf S. 14 beschrieben, zubereiten. Inzwischen die Avocado-Mayonnaise, wie auf S. 18 beschrieben, zubereiten; wer will, würzt sie zusätzlich mit Chilisauce. Zwiebel schälen und in Ringe schneiden. Paprika halbieren, putzen, waschen und längs in feine Streifen schneiden.

3 Thunfisch trocken tupfen und salzen. Pfefferkörner im Mörser grob zerstoßen und mit dem Sesam in einem tiefen Teller mischen. Thunfisch darin wenden und die Würzmischung gut andrücken. Öl in einer Pfanne erhitzen. Den Thunfisch darin rundum, auf allen Seiten ca. 30 Sekunden, anbraten. Herausnehmen und in Scheiben schneiden.

4 Reis auf Schalen verteilen, Paprika, Avocado-Mayonnaise, Zwiebelringe und Salsa darauf verteilen, die Thunfischscheiben überlappend daraufgeben. Mit Shiso-Kresse bestreuen.

TIPP

Roh oder nicht roh ist hier die Frage: Bei Thunfisch-Tataki aus Japan wird der Fisch zwar angebraten, bleibt innen aber überwiegend roh. Er wird dann oft wie Sashimi in Scheiben geschnitten und in Sojasauce gedippt gegessen.

YAKITORI-LACHS-BOWL

ZUTATEN

FÜR DEN LACHS

300 g Lachsfilet (möglichst gleichmäßig dick)

3 ½ EL Sojasauce (alternativ Tamari)

2 ½ EL Zucker

2 EL trockener Sherry

10 g frischer Ingwer

Öl zum Braten

FÜR DIE GRILLZWIEBELN

1 Bund Frühlingszwiebeln

2–3 EL Olivenöl

Meersalz

Pfeffer

AUSSERDEM

½ Rezept **Sushi-Reis (s. S. 14)**

100 g ausgepalte TK-Edamame

Salz

Japan-Pickles (s. S. 17)

SO GEHT'S

1 Den Sushi-Reis, wie auf S. 14 beschrieben, zubereiten. Edamame in ausreichend kochendem Salzwasser 10 Minuten garen, in ein Sieb abgießen und abtropfen lassen.

2 Inzwischen das Lachsfilet trocken tupfen und in 10 gleichmäßig große Würfel schneiden; diese mit etwas Abstand zueinander auf Holzspieße stecken. Sojasauce, Zucker, 4 EL Wasser und den Sherry in ein Töpfchen geben. Ingwer schälen, fein würfeln, dazugeben. Einmal aufkochen, dann 8–10 Minuten bei mittlerer Hitze sirupartig einkochen lassen. Lachswürfel rundum damit bestreichen, die restliche Sauce beiseitestellen.

3 Für die Grillzwiebeln die Frühlingszwiebeln waschen, putzen, dabei oben nur die obersten grünen Enden wegschneiden. Dann die Zwiebeln einmal quer halbieren. Mit Öl bepinseln und leicht salzen und pfeffern. Eine Grillpfanne heiß werden lassen und die Zwiebeln 2 Minuten braten, wenden und weitere 2 Minuten garen, dabei eventuell einen Topf auf die Zwiebeln stellen, damit sie gut auf der Grillpfanne aufliegen. Eventuell mit Salz und Pfeffer nachwürzen.

4 Grillpfanne auswischen, mit frischem Öl ausstreichen, die Lachsspieße darin rundum 6–8 Minuten braten, dabei möglichst immer wieder einmal mit Grillsauce bestreichen.

5 Reis auf Schalen verteilen, je 1 Lachsspieß, Edamame, Grillzwiebeln und reichlich abgetropfte Pickles daraufgeben.

SUSHI-BOWL

ZUTATEN

FÜR DIE ALGEN

2 EL getrocknete (Bio-) Wakame-Algen

1 TL Sesam

1 TL geröstetes Sesamöl

1 TL Limettensaft

Salz – Pfeffer

Zucker

FÜR DAS TOPPING

180 g ausgepalte TK-Edamame

180 g frisches Lachsfilet (ohne Haut)

1 dicke Möhre

1 Bio-Mini-Gurke

AUSSERDEM

½ Portion **Sushi-Reis** **(s. S. 14)**

Shichimi togarashi (nach Belieben, s. Tipp)

SO GEHT'S

1 Den Sushi-Reis nach Packungsanweisung kochen. Währenddessen Essig, Zucker und ½ TL Salz in einem kleinen Topf unter Rühren erwärmen, bis sich der Zucker vollständig gelöst hat, anschließend abkühlen lassen. Fertigen Reis im Topf mit einem Geschirrtuch abdecken und 15 Minuten abkühlen lassen. Dann in eine breite Schüssel geben und flach verteilen. Essigmischung darauf verteilen und vorsichtig mit einem Löffelstiel unter den Reis ziehen. anschließend abkühlen lassen.

2 Inzwischen Algen in einem Sieb kalt waschen, anschließend 15 Minuten in kaltem Wasser einweichen. Danach in ein Sieb abgießen und nach Packungsanweisung 4–5 Minuten in Wasser garen, abgießen, kalt abbrausen und abtropfen lassen. Sesam in einer Pfanne ohne Fett rösten und abkühlen lassen. Sesamöl und Limettensaft verrühren, Algen und Sesam damit mischen und mit wenig Salz, Pfeffer und 1 Prise Zucker würzen.

3 Wasser in einem Topf erhitzen, salzen, darin die gefrorenen Edamame 10 Minuten zugedeckt bei mittlerer Hitze garen, anschließend in ein Sieb abgießen, kalt abbrausen und abtropfen lassen. Währenddessen Lachs trocken tupfen und in schmale Scheiben schneiden. Möhre schälen und in feine Stifte raspeln. Gurke waschen und in feine Stifte schneiden, die Kerne dabei eventuell entfernen.

4 Reis auf Schalen verteilen, darauf Algensalat, Edamame, Möhre, Gurke und Lachs verteilen und nach Wunsch zum Schluss mit Shichimi togarashi bestreuen.

TIPP

Der Name der japanischen Gewürzmischung Shichimi togarashi bedeutet Sieben-Gewürz-Pfeffer und enthält milden Shanso-Pfeffer und scharfe Chiliflocken. Sie ist in Asienläden erhältlich.

RAINBOW-POKE-BOWL

ZUTATEN

FÜR DIE POKE

200 g frisches Lachsfilet

1 TL Sesam

2 Frühlingszwiebeln

4 EL Sojasauce

½ TL Honig

1 ½ EL Reisessig

3 EL geröstetes Sesamöl

1 TL Chilisauce (aus dem Asienladen)

AUSSERDEM

1 Bio-Mini-Gurke

Salz

¼ TL Zucker

100 g ausgepalte TK-Edamame

150 g Soba-Nudeln

80 g Rotkohl

1 Möhre

1 reife Avocado

1 Handvoll Baby-Leaves

1 EL Nori-Algenflocken oder -streifen

SO GEHT'S

1 Das Lachsfilet trocken tupfen, in ca. 1 cm große Würfel schneiden. Sesam in einer Pfanne ohne Fett rösten, bis er duftet, dann abkühlen lassen. Frühlingszwiebeln waschen, putzen und mit dem Grün in ganz feine Ringe schneiden. Ein paar grüne Frühlingszwiebelringe beiseitelegen, den Rest mit 3 EL Sojasauce, Honig, ½ EL Reisessig, 2 EL Sesamöl und Chilisauce gründlich verrühren und anschließend mit Lachs und ca. Dreiviertel des Sesams vermengen. Zugedeckt im Kühlschrank ziehen lassen.

2 Die Gurke waschen und in dünne Scheiben schneiden, dann mit 1 Prise Salz verkneten und ziehen lassen. Übrigen Reisessig, übrige Sojasauce und Zucker verrühren, dann übriges Sesamöl unterrühren. In einem Topf ausreichend Wasser erhitzen, salzen, darin die gefrorenen Edamame in 8–10 Minuten garen, in ein Sieb abgießen, kalt abschrecken und abtropfen lassen.

3 Soba-Nudeln nach Packungsangabe garen, in ein Sieb abgießen und kalt abbrausen, anschließend gut abtropfen lassen. Den Rotkohl waschen, putzen und fein hobeln, mit 1 Prise Salz leicht mit den Händen durchkneten, bis er spürbar weicher wird (dazu Gummihandschuhe tragen, da er färbt). Möhre schälen und in feine Stifte (Julienne) schneiden oder hobeln. Avocado halbieren, Kern und Schale entfernen und das Fruchtfleisch längs in schmale Scheiben schneiden. Baby-Leaves waschen, verlesen und trocken schleudern.

4 Die Gurke leicht mit den Händen ausdrücken und mit dem Dressing mischen. Die Hälfte der Nori-Algen unter den Lachs mischen. Nudeln auf zwei Schalen verteilen. Lachs-Poke, Edamame, Rotkohl, Möhre, Gurkensalat und Avocado darauf anrichten. Alles mit beiseitegelegten Frühlingszwiebelringen, übrigem Sesam und Algen bestreuen.

SMASH-IT-ALL-BOWL

ZUTATEN

FÜR DEN PULLED LACHS

200 g Lachsfilet (ohne Haut)

1 Bio-Limette

1 Bund Koriandergrün

Salz – Pfeffer

2 Msp. Chiliflocken

1 ½ EL Sojasauce

1 ½ EL Olivenöl

FÜR DEN GURKENSALAT

1 kleine Bio-Salatgurke

1 kleine Knoblauchzehe

10 g frischer Ingwer

¼ TL Kokosblütenzucker – Salz

2 EL Reisessig (alternativ Weißweinessig)

1 ½ EL Sojasauce

1 EL Olivenöl – Pfeffer

2 Msp. Chiliflocken

AUSSERDEM

½ Portion **Sushi-Reis (s. S. 14)**

2 Tomaten

1 kleiner roter Rettich

Salz – Pfeffer

1–2 Frühlingszwiebeln

SO GEHT'S

1 Den Sushi-Reis zubereiten, wie auf S. 14 beschrieben. Den Backofen auf 190 °C vorheizen. Für den Pulled Lachs den Lachs trocken tupfen. Limette heiß waschen, trocken reiben und in feine Scheiben schneiden. Koriandergrün waschen und trocken schütteln. In eine kleine ofenfeste Form 2–3 Limettenscheiben legen, darauf 2–3 Korianderstängel und den Lachs schichten. Mit Salz, Pfeffer und Chili würzen. Übrige Korianderblättchen abzupfen und fein hacken, knapp die Hälfte auf dem Lachs verteilen und andrücken. Mit Sojasauce und Olivenöl beträufeln, dann mit den übrigen Limettenscheiben belegen. Im heißen Ofen (Mitte) 12–15 Minuten garen.

2 Inzwischen Gurke waschen und putzen. Gurke in einen Gefrierbeutel geben, auf einer festen Unterlage (Arbeitsplatte) mit einer Teigrolle der ganzen Länge nach daraufschlagen – die Gurke platzt dann entlang einer Naht auf. Mit dieser Naht nach oben legen und wieder der Länge nach daraufschlagen. Sie sollte nun in unregelmäßige Stücke brechen. Falls nicht (oder für kleinere Stücke) die Gurke drehen und nochmals daraufklopfen oder herausnehmen und mit dem Messer kleiner schneiden.

3 Knoblauch und Ingwer schälen und sehr fein hacken. Mit Kokosblütenzucker, knapp ½ TL Salz, Reisessig und Sojasauce verrühren, bis sich Salz und Zucker aufgelöst haben, dann das Öl unterrühren. Das Dressing mit Pfeffer und Chiliflocken würzen, mit der Gurke vermengen und 5–10 Minuten ziehen lassen.

4 Tomaten waschen, vom Stielansatz befreien und quer in Scheiben schneiden, diese halbieren. Rettich waschen, putzen und grob raspeln, salzen und pfeffern. Frühlingszwiebeln waschen, putzen und in feine Ringe schneiden. Die Hälfte des übrigen Korianders unter den Gurkensalat mischen. Den Reis auf Schalen verteilen. Gurkensalat, Tomaten und Rettich daraufgeben. Lachs aus dem Ofen nehmen, Limetten entfernen, den Lachs mit einer Gabel grob zerzupfen und auf den Reis geben. Mit übrigem Koriander und Frühlingszwiebelringen bestreuen.

SPICY-TUNA-POKE-BOWL

ZUTATEN

FÜR DIE POKE

300 g frisches Thunfischfilet

1 ½ EL Sojasauce

1 TL Sesamöl

1 kleine rote Zwiebel

FÜR DIE CHILI-MAYONNAISE

100 g **Mayonnaise (s. S. 18 oder aus dem Glas)**

1 ½–2 EL Chilisauce (z. B. Sriracha)

1 EL Limettensaft

Salz – Pfeffer

Orangensaft (nach Belieben)

AUSSERDEM

125 g **Reis** oder ½ Portion **Sushi-Reis (s. S. 12 oder S. 14)**

100 g ausgelöste TK-Edamame

Salz

1 Avocado

1 TL Limettensaft

1 Pfirsich

50 g Baby-Spinat

3 EL geröstete gesalzene Cashewkerne

2 EL (schwarzer) Sesam (nach Belieben)

SO GEHT'S

1 Den Reis wie auf S. 12 zubereiten, alternativ den Sushi-Reis wie auf S. 14 zubereiten und abkühlen lassen.

2 Den Thunfisch trocken tupfen, dann in knapp 1 cm große Würfel schneiden. Mit Sojasauce und Sesamöl mischen. Die Zwiebel schälen und in Würfel schneiden, untermischen. Zugedeckt im Kühlschrank ziehen lassen.

3 Inzwischen die Edamame in ausreichend kochendem Salzwasser 8–10 Minuten bei mittlerer Hitze garen. Anschließend in ein Sieb abgießen, kalt abbrausen und abtropfen lassen. Die Avocado halbieren, Kern und Schale entfernen, das Fruchtfleisch in Würfel schneiden. Sofort mit Limettensaft mischen, damit es nicht braun wird. Pfirsich waschen, halbieren, den Stein entfernen und die Hälften in schmale Spalten schneiden. Dann den Baby-Spinat verlesen, waschen und trocken schleudern. Cashewkerne grob hacken. Den Sesam nach Belieben in einer Pfanne ohne Fett rösten, bis er duftet, dann abkühlen lassen.

4 Die Mayonnaise, wie auf S. 18 beschrieben, zubereiten, mit Sriracha und Limettensaft verrühren, dabei erst nach und nach die Chilisauce unterrühren und je nach persönlichem Schärfeempfinden mehr davon einrühren, dann mit Salz und Pfeffer abschmecken. Wer eine flüssigere Sauce möchte, rührt noch etwas Wasser oder Orangensaft unter.

5 Den Reis auf Schalen verteilen, Spinat, Thunfisch, Edamame und Pfirsiche darauf verteilen, Cashewkerne darüberstreuen. Alles mit Chili-Mayonnaise beträufeln und nach Wunsch mit Sesam bestreuen.

JAPAN-BOWL MIT MAKRELE

ZUTATEN

FÜR DIE GRILLAUBERGINEN

1 Aubergine (ca. 300 g)

½ Knoblauchzehe

1½ EL Olivenöl

Salz – Pfeffer

FÜR DIE SAUCE

1 EL Tahin (Sesammus)

2 EL helle Miso-Paste

1 EL Sojasauce (alternativ Tamari)

1 EL Mirin (Reiswein, alternativ Wasser)

1–2 Spritzer Chilisauce (z. B. Sriracha; nach Belieben)

FÜR DEN PAK CHOI

3 kleine Pak Choi

½ Knoblauchzehe

2 EL Sonnenblumenöl

2 EL Sojasauce (alternativ Tamari)

FÜR DIE MAKRELEN

2 Makrelenfilets mit Haut (à ca. 160 g)

Salz – Pfeffer

2 EL Olivenöl zum Braten

AUSSERDEM

120 g (Basmati-)Reis

1 Frühlingszwiebel

SO GEHT'S

1 Für die Grillauberginen die Aubergine waschen, putzen, einmal quer halbieren und die Hälften längs sechsteln. Knoblauch schälen, fein hacken und mit dem Öl mischen, die Aubergine darin rundum wenden und kurz ziehen lassen. Inzwischen den Backofen auf 220 °C (Umluft nicht empfehlenswert) vorheizen. Auberginenstücke salzen, pfeffern und auf ein mit Backpapier ausgelegtes Blech legen. Im heißen Ofen (Mitte) 20–25 Minuten goldbraun backen, dabei ein- bis zweimal wenden.

2 Den Reis nach Packungsanweisung garen. Währenddessen die Frühlingszwiebel waschen, putzen und in dünne Ringe schneiden. Für die Sauce alle Zutaten mit 2–3 EL Wasser glatt miteinander verrühren. Wer will, rührt noch Chilisauce unter.

3 Pak Choi waschen, putzen und längs halbieren. Knoblauch schälen und in Scheiben schneiden. Öl in einer Pfanne erhitzen, darin den Pak Choi rundum anbraten. Salzen, pfeffern und mit Sojasauce ablöschen. Zugedeckt bei mittlerer Hitze 3–5 Minuten fertig garen, dabei eventuell ein paar EL Wasser zugeben.

4 Die Makrelen trocken tupfen, salzen und pfeffern. Öl in einer beschichteten Pfanne erhitzen, darin die Fischfilets mit der Hautseite nach unten 2–3 Minuten braten, wenden, dann weitere 2–3 Minuten fertig braten.

5 Reis auf Schalen verteilen, darauf je 1 Makrelenfilet geben, daneben Pak Choi und Aubergine platzieren, die Sauce in die Mitte geben und alles mit Frühlingszwiebeln bestreuen.

REISNUDELN MIT GARNELEN

ZUTATEN

FÜR DIE WÜRZSAUCE

10 g frischer Ingwer

Saft von 1 Limette

1 TL Rohrohrzucker

2 EL Fischsauce

AUSSERDEM

1 Bio-Mini-Gurke

1 rote Spitzpaprika

1 dicke Möhre

½ Romanasalat

½ Bund Koriandergrün

180 g dünne vietnamesische Reisnudeln

200 g TK-Tiger-Prawns (küchenfertig, mit Schale)

1 kleine Knoblauchzehe

2 Stängel Zitronengras

2 EL Erdnussöl

½ TL Chilisauce (z. B. Sriracha)

SO GEHT'S

1 Für die Würzsauce Ingwer schälen und möglichst fein würfeln. Mit Limettensaft, Zucker, Fischsauce und 6 EL Wasser verrühren.

2 Die Gurke waschen, längs halbieren und in Stücke schneiden. Paprika längs vierteln, putzen, waschen und die Viertel quer in dünne Streifen schneiden. Möhre schälen, putzen und in dünne Stifte (Julienne) hobeln oder schneiden. Romanasalat waschen, putzen, trocken schleudern und quer in dünne Streifen schneiden. Koriandergrün waschen, trocken schütteln, die Blättchen abzupfen und grob hacken.

3 Die Reisnudeln nach Packungsangabe in Wasser garen, in ein Sieb abgießen und abtropfen lassen. Die Garnelen kalt abspülen und gut trocken tupfen. Knoblauch schälen und fein würfeln. Den Strunk und oberen Teil vom Zitronengras abschneiden, die unteren 8–10 cm längs in schmale Streifen schneiden und diese ganz fein hacken.

4 Öl in einem Wok stark erhitzen. Garnelen mit Knoblauch und Zitronengras hineingeben und unter Rühren rundum braten, bis sie rosa verfärbt sind. Hitze reduzieren, Chilisauce sowie 125 ml Wasser zugeben und bei mittlerer bis starker Hitze garen, bis die Flüssigkeit verdunstet ist. Nudeln, Gemüse und Würzsauce zugeben und alles miteinander mischen, anschließend kurz erwärmen. Vom Herd nehmen, Salat und Koriandergrün untermischen und sofort auf Schalen verteilen.

MISCH-POKE-BOWL

ZUTATEN

FÜR DIE POKE

100 g frisches Lachsfilet

100 g frisches Thunfischfilet

100 g gegarte Garnelen (oder Surimi)

2 Frühlingszwiebeln

2 EL Sojasauce

1 TL geröstetes Sesamöl

FÜR DAS HONIG-SENF-DRESSING

6 EL Dijon-Senf

3 EL Honig

1 ½ EL Weißweinessig

3 EL Orangensaft

2 Spritzer Chilisauce (z. B. Sriracha)

Salz – Pfeffer

AUSSERDEM

½ Portion **Sushi-Reis (s. S. 14)**

100 g ausgepalte TK-Edamame

Salz

½ Charentais-Melone

80 g Heidelbeeren

50 g Baby-Mangoldblätter

40 g geröstete, gesalzene Macadamianusskerne

SO GEHT'S

1 Den Sushi-Reis, wie auf S. 14 beschrieben, zubereiten und abkühlen lassen. Lachs und Thunfisch trocken tupfen, dann in knapp 1 cm große Würfel schneiden. Garnelen kalt abbrausen und abtropfen lassen. Die Frühlingszwiebeln waschen, putzen, den weißen Teil längs vierteln, in feine Stücke schneiden und mit 1 EL Sojasauce und Sesamöl mischen und mit Fisch und Garnelen vermengen. Zugedeckt im Kühlschrank ziehen lassen.

2 Inzwischen die Edamame in ausreichend kochendem Salzwasser 8–10 Minuten bei mittlerer Hitze garen. Anschließend in ein Sieb abgießen, kalt abbrausen und abtropfen lassen. Die Kerne aus der Melone entfernen, Melone in Spalten schneiden. Das Fruchtfleisch von der Schale schneiden, würfeln, die Heidelbeeren waschen und trocken tupfen. Baby-Mangold waschen und trocken schleudern. Die Macadamianüsse grob hacken.

3 Den Senf mit Honig, Essig, Orangensaft, Chilisauce und der übrigen Sojasauce verrühren. Mit Salz und Pfeffer würzen. Reis auf Schalen verteilen, Mangoldblätter, Fisch-Garnelen-Mischung, Edamame, Melone und Heidelbeeren darauf verteilen und alles mit Macadamianüssen bestreuen. Mit der Honig-Senf-Sauce servieren und diese vor dem Essen untermischen.

GREEN-FISH-BOWL

ZUTATEN

FÜR DAS DRESSING

1 Bund Frühlingskräuter (alternativ eine TK-Kräutermischung)

1 TL Senf

1 EL Meerrettich (Glas)

1 EL Olivenöl

1–2 EL Zitronensaft

2 EL Kapern

80 g Buttermilch

2 EL Crème légère

Salz – Pfeffer

AUSSERDEM

Spinatreis (s. S. 90)

1 Kohlrabi

1 Möhre

120 g Knollensellerie

1 EL Haselnussblättchen

1–2 EL Öl zum Braten

300 g Seelachsfilet

Salz – Pfeffer

SO GEHT'S

1 Den Spinatreis, wie auf S. 90 beschrieben, zubereiten und eventuell warm halten. Inzwischen für das Dressing die Kräuter waschen und trocken schütteln. Die Blättchen abzupfen und grob hacken, 1–2 EL davon beiseitelegen. Den Rest mit Senf, Meerrettich, Olivenöl, 1 EL Zitronensaft, 1 EL Kapern und 2–3 EL Buttermilch fein pürieren. Dann mit übriger Buttermilch und Crème légère glatt rühren, mit Salz, Pfeffer und eventuell übrigem Zitronensaft abschmecken.

2 Den Kohlrabi schälen und in ca. 1 cm große Würfel schneiden. Möhre und Sellerie schälen und getrennt auf der Gemüsereibe in feine Streifen (Julienne) hobeln. Die übrigen Kapern grob hacken. In einem Topf ausreichend Wasser erhitzen, salzen und die Kohlrabiwürfel darin bei mittlerer Hitze in 7–10 Minuten garen. In ein Sieb abgießen und abtropfen lassen.

3 Inzwischen in einer beschichteten Pfanne ohne Fett die Haselnussblättchen rösten, bis sie leicht gebräunt sind. Herausnehmen und abkühlen lassen. Das Bratöl in die heiße Pfanne geben und erneut heiß werden lassen. Den Fisch trocken tupfen, salzen und pfeffern, dann im heißen Öl bei mittlerer bis starker Hitze auf beiden Seiten in jeweils 2–3 Minuten braten.

4 Den Spinatreis auf Schalen verteilen. Sellerie, Möhren, Kohlrabi und Fischstücke darauf anrichten. Das Kräuterdressing darauf verteilen und alles mit Haselnüssen, übrigen Kapern und beiseitegelegten Kräutern bestreuen.

YES-WE-CAN-TUNA-POKE-BOWL

ZUTATEN

FÜR DIE POKE

2 Dosen Thunfisch im eigenen Saft (à ca. 130 g Abtropfgewicht)

1 kleine rote Zwiebel

10 g frischer Ingwer

1 EL Reisessig

1 EL Zitronensaft

2 EL Sojasauce

Zucker

Salz – Pfeffer

Chiliflocken

AUSSERDEM

½ Portion **Sushi-Reis (s. S. 14)**

1 EL Sesam

150 g Kirschtomaten

1 Bio-Mini-Gurke

1 Bund Rucola

1 Avocado

1 TL Zitronensaft

½ kleines Bund Koriandergrün

Süß-saure Radieschen (s. S. 16, nach Belieben)

Salz – Pfeffer

SO GEHT'S

1 Den Sushi-Reis, wie auf S. 14 beschrieben, zubereiten und abkühlen lassen. Den Thunfisch in ein feines Sieb abgießen und abtropfen lassen, anschließend mit einer Gabel grob zerpflücken. Die Zwiebel schälen, quer halbieren und in feine Ringe schneiden. Ingwer schälen und möglichst fein würfeln. Den Ingwer mit Essig, Zitronensaft und Sojasauce verrühren, mit 2–3 Prisen Zucker, Salz, Pfeffer und 2–3 Msp. Chiliflocken würzen. Das Dressing mit dem Thunfisch und etwa der Hälfte der Zwiebelringe mischen und ziehen lassen.

2 Sesam in einer Pfanne rösten, bis die Samen duften und leicht knistern, abkühlen lassen. Kirschtomaten waschen und halbieren. Die Gurke waschen, putzen und in dünne Scheiben schneiden. Rucola waschen, trocken schleudern, grobe Stiele entfernen und die Blätter eventuell kleiner zupfen. Avocado schälen, längs halbieren, Kern und Schale entfernen und das Fruchtfleisch in Würfel schneiden. Diese sofort in Zitronensaft wenden, damit sie nicht braun werden. Das Koriandergrün waschen, trocken schütteln, Blättchen abzupfen und grob hacken.

3 Reis auf Schalen verteilen. Thunfisch auf eine Seite geben, Gurke, Tomate, Rucola, Avocado, nach Belieben süß-saure Radieschen und die übrigen Zwiebelringe auf die andere Seite. Das Gemüse leicht salzen und pfeffern, dann alles mit Sesam und Koriandergrün bestreuen.

NORDIC-SEA-BOWL

ZUTATEN

FÜR DIE ROTE BETE

2 gegarte Rote Beten (vakuumiert; ca. 300 g)

1 Schalotte

1 TL Johannisbeergelee

2 TL körniger Senf

1 EL Weißweinessig

2 EL Sonnenblumenöl

Salz – Pfeffer

3 Zweige Dill

FÜR DIE DILLCREME

4 EL Schmand

2 EL saure Sahne

1 TL körniger Senf

Salz – Pfeffer

2–3 Spritzer Zitronensaft

½ Bund Dill

AUSSERDEM

125 g Zartweizen (Ebly®)

2 Eier (Größe M)

1 Bio-Mini-Gurke

4 Radieschen

150 g Graved Lachs oder Räucherlachs in Scheiben

SO GEHT'S

1 Den Zartweizen nach Packungsanweisung garen und quellen lassen. Gleichzeitig die Eier in kochendem Wasser 8 Minuten garen, kalt abschrecken, abkühlen lassen (eventuell in kaltem Wasser), anschließend pellen.

2 Währenddessen die Rote Bete grob raspeln oder in kleine Würfel schneiden. Schalotte schälen und fein würfeln. Johannisbeergelee, Senf, Essig und Öl mischen, salzen und pfeffern und mit der Roten Bete mischen. Dill waschen, trocken schütteln, Spitzen abzupfen, fein hacken und ebenfalls untermischen.

3 Den Schmand mit saurer Sahne und Senf glatt rühren. Mit Salz, Pfeffer und Zitronensaft abschmecken. Den Dill waschen, trocken schütteln, Spitzen abzupfen, fein hacken und unterrühren. Gurke waschen, putzen, längs in knapp 1 cm breite Scheiben, diese längs in 1 cm breite Streifen, diese wiederum in kleine Würfel schneiden. Die Radieschen waschen, putzen und in dünne Scheiben schneiden.

4 Den Zartweizen auf zwei Schalen verteilen, Rote Bete, Gurke, Radieschen und Lachsscheiben darauf verteilen. Die Eier längs halbieren und daraufsetzen, die Dillcreme zu den Eiern geben. Wer möchte und noch Dill übrig hat, bestreut alles mit fein gehacktem Dill.

REGISTER

S

T

V

W

Y

Z

ÜBER DIE AUTORIN

Tanja Dusy fühlt sich am wohlsten, wenn es in der Küche richtig rundgeht. Sie schreibt seit über 20 Jahren erfolgreich Kochbücher und war lange Zeit als Redakteurin tätig. Als Küchenprofi entwickelt sie Rezepte, die nicht nur verlässlich gelingen, sondern auch das besondere Etwas haben.

NOCH MEHR TOLLE BOWLS

Poke Bowls

Hawaii-Feeling mit frischem Fisch und Mehr

ISBN 978-3-960**93-447**-9
12,99 € (DE) / 13,40 € (AT)

Buddha Bowls – Levante

Über 50 Rezepte mit orientalischen Gewürzen und Aromen

ISBN 978-3-74**59-0113**-9
18,00 € (DE) / 18,50 € (AT)

Buddha Bowls für kalte Tage

50 gesunde Wohlfühl-Rezepte – Ramen, Suppen & Mehr

ISBN 978-3-960**93-498**-1
18,00 € (DE) / 18,50 € (AT)

Bibliografische Information der Deutschen Bibliothek.

Die Deutsche Bibliothek verzeichnet diese Publikation in der Deutschen Nationalbibliografie.

Detaillierte bibliografische Daten sind im Internet über http://www.dnb.de/ abrufbar.

EIN BUCH DER EDITION MICHAEL FISCHER

1. Auflage 2021

Covergestaltung: Julia Happacher

Produktmanagement & Lektorat: Katharina Steffelmaier

Layout: Bernadett Linseisen
Satz: Lara Nelles & Carolin Mayer

Fotos: S. 6–11, 14/15, 30, 32, 34, 38, 40, 42, 44, 48/49, 52/52, 56, 60, 62, 64, 66, 70, 72, 74, 76, 104, 116, 118, 120, 128, 130: Klaus-Maria Einwanger, Rosenheim; S. 12/13, 16/17, 18/19, 20/21, 26, 28, 36, 46, 54, 58, 68, 78, 80, 82, 84, 86, 92, 94, 96, 98, 100, 102, 106, 108, 110, 114, 122, 124, 126, 132, 134, 136, 138: Nadja Buchczik, Bielefeld (Fotografie) & Anton Enns, Bielefeld (Foodstyling)

ISBN 978-3-7459-0232-7

Gedruckt bei Polygraf Print, Čapajevova 44, 08001 Prešov, Slowakei

www.emf-verlag.de